2016年亮点回放

1. 山西省高等教育毛入学率达到43.1%，比2015年提高3.1个百分点。

2. 山西警察学院、山西能源学院正式设立，我省本科院校达到33所。

3. 2016年度山西省高等学校评选出优势专业20个。教学改革创新项目152项，其中重点项目24项，一般项目128项。大学生创新创业训练计划项目572项，其中重点项目132项，一般项目440项。

4. 2016年获批新增67个本科专业。围绕省综改试验区建设对相关专业人才的需求，有关高校设置了新能源科学与工程、采矿工程、能源经济、城市管理、生物制药、物联网工程、会展经济与管理、汽车服务工程、建筑环境与能源应用工程、网络与新媒体、勘查技术与工程、儿科学等专业，有关高校依托有关专业设置了数字金融、大数据云计算、健康产业管理、新能源材料等专业方向。

5. 太原工业学院、山西传媒学院、山西工程技术学院、山西能源学院、山西应用科技学院和山西大学商务学院这6所高校被确定为我省本科高校向应用型转变试点高校，山西大同大学、吕梁学院为我省本科高校向应用型转变试点候补高校。

6. 山西高校评选立项了10个优势学科攀升项目、12个服务产业创新学科群，遴选支持了8个高校协同创新中心、5个高校人文社科重点研究基地。

7. 选聘1名"三晋学者"特聘教授、40名"青年三晋学者"特聘教授，遴选、引进了一批高水平人才。

8. 由中国运载火箭技术研究院总研制的我国新一代中型运载火箭——"长征七号"火箭在海南文昌发射场点火升空，拉开了我国载人航天工程空间实验室任务的序幕。中北大学共6大类20项产品助力此次"长征七号"运载火箭发射升空。

9.《2016中国大学评价研究报告》发布最新2016中国大学最佳专业排行榜，我省共有4个专业荣获5星级专业，其中太原理工大学有两个，即机械设计制造及其自动化专业和化学工程与工艺专业，办学层次达到世界知名专业水平，雄踞2016山西省大学最佳专业排行榜榜首。

10. 中北大学精密仪器及机械专业薛晨阳教授被选为教育部2016年度"长江学者奖励计划"特聘教授，成为本年度我省唯一入选的"长江学者"。

“高等教育发展水平是一个国家发展水平和发展潜力的重要标志。实现中华民族伟大复兴，教育的地位和作用不可忽视。我们对高等教育的需要比以往任何时候都更加迫切，对科学知识和卓越人才的渴求比以往任何时候都更加强烈。”

山西高教

2016

山西教育蓝皮书系列

2016

山西省高等教育年度报告

SHANXI HIGHER EDUCATION
ANNUAL REPORT
（2016）

山西省教育科学研究院

主　　编　马玉玺
执行主编　汪华英

山西出版传媒集团
山西教育出版社

《2016山西省高等教育年度报告》

序　言

寻找“双一流”建设的杠杆

又一年的年度报告初稿完成，我反复阅读、斟酌每一篇报告每一行足以让我回味的句子。闭目想想，脑海里始终萦绕着一个又一个大学生的影子，他们青春靓丽、活泼洒脱。在欣慰之余，我总是盘算：他们就业后能做什么呢？

2016年12月8日，习近平总书记在全国高校思想政治工作会议上强调：“我们对高等教育的需要比以往任何时候都更加迫切，对科学知识和卓越人才的渴求比以往任何时候都更加强烈。”

山西省33所本科院校是山西高等教育发展的主力军，更是领头羊。50多万来自全国各地的学子满怀梦想来到校园，一天一天地浸润在丰盈的校园生活中，一点一点地汲取着一位又一位名师的滋养，一寸一寸拔节一样地成长，他们自信满满地走出校园拥抱社会。

在校时，他们将一篇又一篇论文投向名报名刊，他们能够通过对盘根错节的数据信息的梳理和分析，写出极具前瞻性的报告和极具针对性的调研文章，可是报到第一天却交不出一篇漂亮的、清晰易懂的自我职业能力简介……

在高等教育从大众化走向普及化的过程中，33所本科院校的办学定位意味着山西高等教育发展的战略走向，意味着山西高等教育孕育其中的国家责任、社会责任和人民期待！

学术研究型大学、教学研究型大学、应用型大学、技术技能型学院，抑或是综合交叉型、多元目标型院校等，我们33所本科院校的人才培养目标分别是什么？这是不是需要明晰起来，让社会知道、让百姓明白？

期待我们在研究型、应用型、技术技能型三个杠杆中做出恰当的选择，期待这个杠杆能撬动每所本科院校的“双一流”建设。

编　者

2017年2月

目　录

第一章　主报告

本章纲目

山西省普通本科院校2016年度发展报告

山西省教育科学研究院教育发展战略研究中心

2016年是“十三五”规划的开局之年。一年来，全省33所本科院校紧紧围绕国家创新驱动发展战略，以“提高人才培养质量”为核心任务，主动呼应山西经济转型跨越式发展需求，全面落实立德树人根本任务，进一步深化教育教学改革，统筹推进学科建设和教师队伍建设，从而增强了全省本科院校的内涵建设能力，全省本科院校整体呈现出持续、健康、稳步发展的态势。

可以说，一年来，全省本科院校从数量、规模到结构、质量，亮点频现，特色渐显。

一年来，全省本科院校数量由31所增加到33所，高等教育毛入学率达到43.1%，比上年提高了3.1%，超出了全国平均水平；增加了11个学科门类的34个专业类54个专业67个专业点，撤销了社会需求弱的2个学科的3个专业，其中2个理学、1个管理学，并首批确定了太原工业学院、山西传媒学院、山西工程技术学院、山西能源学院、山西应用科技学院、山西大学商务学院6所应用型本科试点校，对接经济社会发展需要的结构性改革趋势明显；进一步完善了“三晋学者”计划，加大了高端领军人才建设力度，提升了教师队伍建设水平。9月15日，搭载中北大学自主研制的“黑匣子”的长征二号FT2火箭托举着天宫二号空间实验室发射成功，标志着中北大学第12次助力我国航天梦。2016学年，33所本科院校共产出优秀科研成果250项，获得创新创业大赛奖1000多项，开启了“十三五”本科院校发展的崭新局面。

一、2016学年山西省33所普通本科院校数量、规模和结构的传承与变化

本学年，33所本科院校在校生规模超过50万，其中本科生超过47万、硕士和博士研究生近3万人。全省本科院校专任教师29 175人，其中正教授2 627人，占到总数的9%，比上学年减少了100人。博士及以上学位教师总数为5 435人，占到专任教师总数的18.6%，比上学年增加了445人，提高了0.9%。总体上说，本科院校整体实力在数量和规模上均呈现上升趋势。

山西能源学院和山西警察学院在2016年6月获得批复，9月份有了第一批本科生。山西能源学院第一批本科生数量为940人，山西警察学院第一批本科生数量为500人。

（一）数量规模的传承与变化

与2015学年相比，2016学年全省普通本科院校数量、在校生规模和专任教师数量这三个反映总体量的基本指标变化明显：一是增加了对接山西经济社会发展需要的山西能源学院和满足公共服务的山西警察学院。二是本科生数量持续增加，研究生在校生规模逐年提高，本科院校服务面正在从大众化向普及化转变。三是具有博士学历的专任教师人数不断增加，教师队伍结构正在优化。

全省普通高等院校2016学年毛入学率43.1%，比2015学年提高了3.1%，超过了全国平均水平；招生规模增长近3%，在校生规模增长近5%，毕业生规模增幅最大，超过了10%。可以说，全省本科院校总体量提振迹象明显。

1. 2016学年招生规模。

2016学年招生的密集度及分布与以往相似，变化最大的是民办院校。总体来看，本科生招生规模稳中有升，仍然和往年一样，招生数量分布密集度高、新升本科院校规模增幅大、财经类和综合类增幅明显、理工类院校招生规模有所下降。

研究生招生规模整体看涨，总增幅高于本科招生规模增幅0.5%，但校际差异大，有升有降。

（1）招生数量与规模密集度高，数量排在前10位的院校2016学年招生量占到全省本科院校总招生量的51%，排在后10位的院校仅占到总招生量的12%。

本学年，全省本科院校招生数为135 743人，比2015年增加了3 580人，增幅为2.6%，其中，本科生125 719人、研究生10 024人，分别占总招生数的92.6%、7.4%。

招生规模排在前10位的分别是中北大学（9 738人）、太原理工大学（9 290人）、山西大学（7 781人）、大同大学（7 080人）、山西医科大学（6 367人）、太原师范学院（6 161人）、山西农业大学（5 743人）、吕梁学院（5 702人）、运城学院（5 582人）、山西财经大学（5 470人），这10所院校招生数总和是68 914人，占到全省本科院校总招生量的51%。年招生规模排在后10位的分别是山西传媒学院（2 355人）、长治医学院（2 253人）、山西应用科技学院（2 135人）、山西师范大学现代文理学院（2 104人）、山西中医学院（1 982人）、山西财经大学华商学院（1 560人）、山西医科大学晋祠学院（1 369人）、太原科技大学华科学院（1 199人）、山西能源学院（940人）、山西警察学院（500人），这10所院校招生数总和是16 397人，占到全省本科院校总招生量的12%。

（2）招生规模增幅显著的院校六成是民办院校，存在减幅现象的院校一半是“老八所”。

与上学年相比，招生规模增幅超过10%的有5所，其中增幅最大的山西应用科技学院高达38.5%。5所院校中有3所是“十二五”期间新增的“升本”院校，2所是独立学院。（详见表1）

表1　2016年招生数多于2015年且排在前10位的学校

学校名称	2016年招生数（人）	2015年招生数（人）	增量（人）	增幅
山西应用科技学院	2 135	1 542	593	38.5%
山西医科大学晋祠学院	1 369	1 117	252	22.6%
山西工程技术学院	2 448	1 998	450	22.5%
太原学院	2 439	2 151	288	13.4%
太原科技大学华科学院	1 199	1 065	134	12.6%
晋中学院	4 732	4 409	323	7.3%
山西工商学院	3 974	3 703	271	7.3%
山西大学商务学院	4 105	3 829	276	7.2%
运城学院	5 582	5 289	293	5.5%
山西农业大学信息学院	3 876	3 703	173	4.7%

数据来源：山西省教育厅发展规划处

有8所院校招生规模比上学年有所缩小，其中，太原理工大学现代科技学院和山西中医学院减幅将近20%，太原理工大学减幅超过5%、山西财经大学和太原师范学院减了近4%，减幅最小的是山西大学，减了0.5%。（详见表2）

8所招生规模存在减幅现象的院校中，有2所独立学院、6所公办本科院校。6所公办本科院校中，有4所院校属于“老八所”，2所是建校二三十年的院校。

表2　2016年招生数低于2015年的学校

学校名称	2016年招生数（人）	2015年招生数（人）	增量（人）	增幅
山西大学	7 781	7 785	−4	−0.05%
中北大学	9 738	9 897	−159	−1.6%

（续表）

学校名称	2016年招生数（人）	2015年招生数（人）	增量（人）	增幅
中北大学信息商务学院	3 226	3 308	−82	−2.5%
太原师范学院	6 161	6 399	−238	−3.7%
山西财经大学	5 470	5 691	−221	−3.9%
太原理工大学	9 290	9 796	−506	−5.2%
山西中医学院	1 982	2 398	−416	−17.3%
太原理工大学现代科技学院	2 772	3 434	−662	−19.3%

数据来源:山西省教育厅发展规划处

（3）研究生招生规模总体上升，但院校之间差异较大，有的增幅高达20%，有的减幅达1.4%。

本学年11所具有研究生培养资格的本科院校总招生量为10 024人，比上学年增加了3.2%，其中硕士9 493人、博士531人，分别比上学年增加2.4%、0.8%。2016学年，11所院校研究生平均增加27人。其中，山西农业大学、太原科技大学、中北大学和山西师范大学4所院校超过了校均增幅，山西大学、山西农业大学、长治医学院和太原科技大学4所院校研究生招生规模增幅均超过了10%。

11所院校中只有太原理工大学和山西财经大学招生规模存在缩小现象，分别比上学年减少26人、1人。（详见表3、图1）

表3　11所本科院校2016学年与2015学年研究生招生情况对比

学校名称	2016年招生数（人）	2015年招生数（人）	增量（人）
山西农业大学	593	493	100
长治医学院	35	30	5
太原科技大学	557	494	63
山西中医学院	244	228	16
中北大学	1 151	1 094	57

（续表）

学校名称	2016年招生数（人）	2015年招生数（人）	增量（人）
山西师范大学	1 152	1 103	49
山西大学	1 788	1 761	27
山西医科大学	1 253	1 237	16
太原师范学院	108	107	1
山西财经大学	1 351	1 352	−1
太原理工大学	1 792	1 818	−26

数据来源：山西省教育厅发展规划处

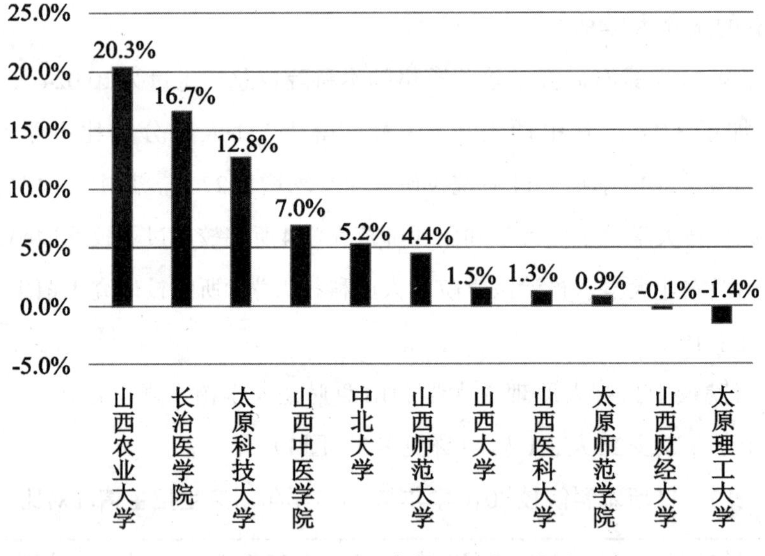

图1　11所本科院校2016学年研究生招生增幅情况

（4）不同类型院校本科招生数量和规模的变化情况。

依据2016年教育部对山西省本科院校的归类标准，33所本科院校中有10所综合类院校、8所理工类院校、5所财经类院校、4所师范类院校、4所医药类院校、1所农业类院校和1所政法类院校。从不同类别院校的本科招生情况来看，除1所政法类院校外，其他6类院校本科招生规模呈现微弱的“五增一减”状态。

7类院校中综合类院校和理工类院校2016学年招生规模突破3万，综合类院校高达44 277人。（详见表4）

表4　2016学年与2015学年各类院校本科招生规模变化情况表

学校类型	2016年本科招生数（人）	2015年本科招生数（人）	增量（人）	增幅
综合类	44 277	42 872	1 405	3.3%
理工类	31 938	31 699	239	0.8%
财经类	15 893	14 914	979	6.6%
医药类	10 439	10 477	−38	−0.4%
师范类	16 929	16 873	56	0.3%
农业类	5 743	5 651	92	1.6%
政法类	500		500	

数据来源：山西省教育厅发展规划处

综合类院校2016学年招生规模总体呈现小幅增长状态。10所综合类院校共招收本科生44 277人，比上年增加了1 405人，平均增幅为3.3%。其中，除山西大学（−0.5%）和中北大学信息商务学院（−2.5%）出现了负增长之外，其余8所院校2016年招生人数均高于2015年，增幅由大到小排列为：太原学院（13.4%）、晋中学院（7.3%）、运城学院（5.5%）、山西农业大学信息学院（4.7%）、山西传媒学院（4.1%）、山西大同大学（4%）、吕梁学院（1.2%）和长治学院（0.5%）。（详见表5、图2）

表5　2016学年与2015学年综合类院校招生规模变化情况表

学校名称	2016年本科招生数（人）	2015年本科招生数（人）	增量（人）	增幅
中北大学信息商务学院	3 226	3 308	−82	−2.5%
山西大学	5 993	6 024	−31	−0.5%

（续表）

学校名称	2016年本科招生数（人）	2015年本科招生数（人）	增量（人）	增幅
太原学院	2 439	2 151	288	13.4%
晋中学院	4 732	4 409	323	7.3%
运城学院	5 582	5 289	293	5.5%
山西农业大学信息学院	3 876	3 703	173	4.7%
山西传媒学院	2 355	2 263	92	4.1%
山西大同大学	7 080	6 811	269	4%
吕梁学院	5 702	5 637	65	1.2%
长治学院	3 292	3 277	15	0.5%

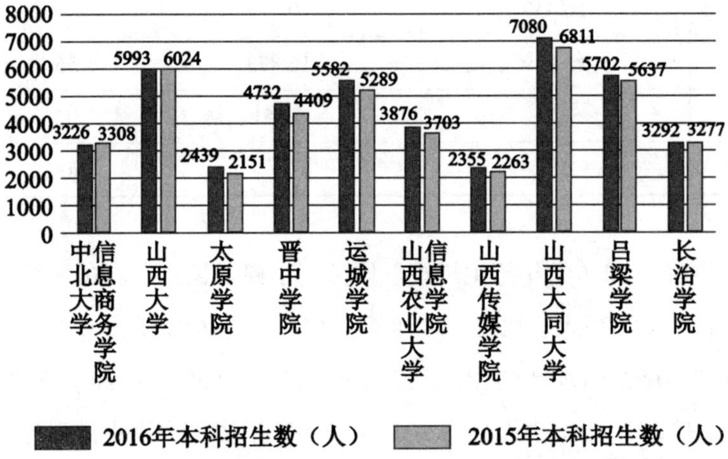

图2　2016学年与2015学年综合类院校本科招生数对比图

理工类院校减量大于增量。除2016年首次本科招生的山西能源学院外，剩余7所理工类院校共招收本科生30 998人，比上年减少了701人，减幅为2.3%。

7所院校与各自2015学年本科招生数相比，数量上呈现“四增三减”的状态。中北大学、太原理工大学、太原理工大学现代科技学院3所院校2016年招生规模分别减少了216人、480人、662人，减幅分别为2.5%、6%、19.3%；4所本科招生规模增加的院校，2所增幅显著，2所增幅微弱（只有约1%）。（详见

表6、图3）

表6　2016学年与2015学年理工类院校招生规模变化情况表

学校名称	2016年本科招生数（人）	2015年本科招生数（人）	增量（人）	增幅
太原科技大学	4 558	4 511	47	1%
中北大学	8 587	8 803	−216	−2.5%
太原理工大学	7 498	7 978	−480	−6%
太原理工大学现代科技学院	2 772	3 434	−662	−19.3%
太原科技大学华科学院	1 199	1 065	134	12.6%
太原工业学院	3 936	3 910	26	0.7%
山西工程技术学院	2 448	1 998	450	22.5%
山西能源学院	940			

数据来源：山西省教育厅发展规划处

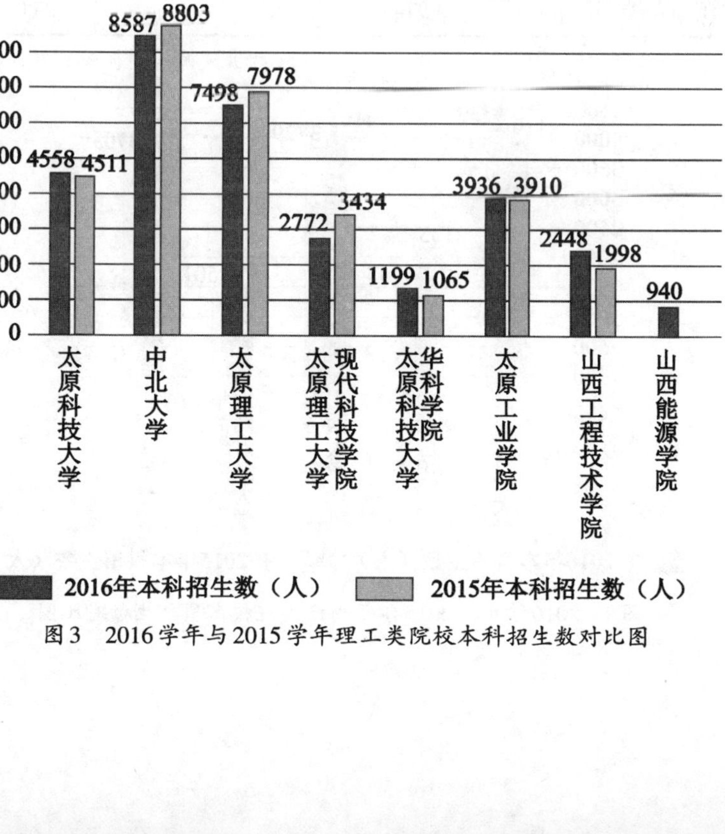

图3　2016学年与2015学年理工类院校本科招生数对比图

财经类院校本科招生规模总体增长，5所院校呈现“一减四增”的状态。2016学年，5所财经类院校共招收本科生15 893人，比上年增加了979人，增幅为6.6%。除山西财经大学呈现负增长外，其余4所院校招生规模均比2015学年有所增加。其中，山西应用科技学院增幅达到38.5%，山西工商学院和山西大学商务学院增幅均超过了7%，山西财经大学华商学院增幅最小，只有3.9%。(详见表7、图4)

表7　2016学年与2015学年财经类院校招生规模变化情况表

学校名称	2016年本科招生数（人）	2015年本科招生数（人）	增量（人）	增幅
山西财经大学	4 119	4 339	−220	−5.1%
山西应用科技学院	2 135	1 542	593	38.5%
山西大学商务学院	4 105	3 829	276	7.2%
山西财经大学华商学院	1 560	1 501	59	3.9%
山西工商学院	3 974	3 703	271	7.3%

数据来源：山西省教育厅发展规划处

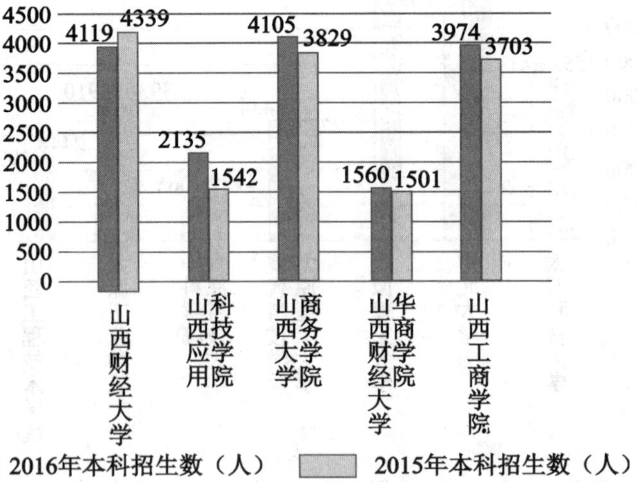

图4　2016学年与2015学年财经类院校本科招生数对比图

师范类院校本科招生规模基本与上学年持平，太原师范学院出现3.8%的负增长。4所师范类院校2016学年共招收本科生16 929人，比上学年增加了56人，增幅为0.3%。除太原师范学院3.8%的负增长外，忻州师范学院的增幅是3.6%、山西师范大学的增幅是2.9%、山西师范大学现代文理学院的增幅是0.9%。(详见表8、图5)

表8　2016学年与2015学年师范类院校招生规模变化情况表

院校	2016年本科招生数（人）	2015年本科招生数（人）	增量（人）	增幅
山西师范大学	4 034	3 921	113	2.9%
太原师范学院	6 053	6 292	−239	−3.8%
忻州师范学院	4 738	4 574	164	3.6%
山西师范大学现代文理学院	2 104	2 086	18	0.9%

数据来源：山西省教育厅发展规划处

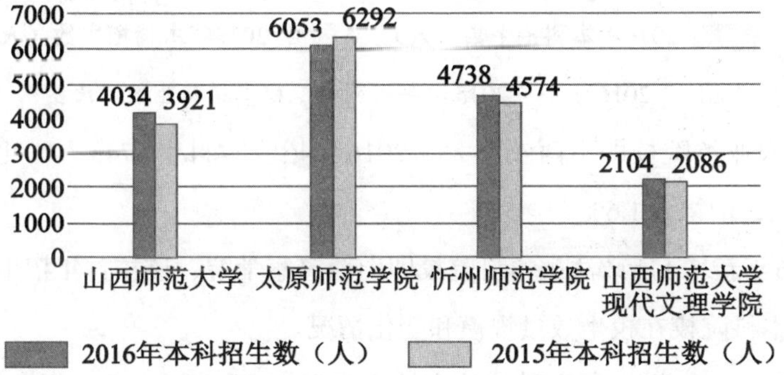

图5　2016学年与2015学年师范类院校本科招生数对比图

本学年医药类院校招生规模总量基本与上学年持平，但校际之间增减量差异较大。2016学年4所医药类院校共招收本科生10 439人，仅比上学年少了38人，减幅是0.4%。但在总体“三增一减”的格局中，山西医科大学晋祠学院增幅高达22.6%，增加了252人，长治医学院的增幅是3.9%，山西医科大学仅增1.2%。相比之下，山西中医学院减幅将近20%，2016学年比2015学年招生数减少432人，差异显著。(详见表9、图6)

表9　2016学年与2015学年医药类院校招生规模变化情况表

院校	2016年本科招生数（人）	2015年本科招生数（人）	增量（人）	增幅
山西医科大学	5 114	5 055	59	1.2%
长治医学院	2 218	2 135	83	3.9%
山西中医学院	1 738	2 170	−432	−19.9%
山西医科大学晋祠学院	1 369	1 117	252	22.6%

数据来源：山西省教育厅发展规划处

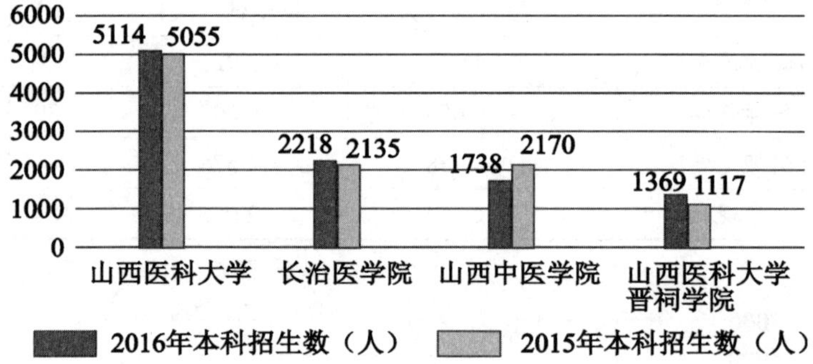

图6　2016学年与2015学年医药类院校本科招生数对比图

1所农业类院校即山西农业大学2016年招收本科生5743人，比上学年增加了92人，增幅为1.6%。

2016年新增1所政法类本科院校即山西警察学院，该校首年招生500人。

2. 本科院校在校生数量规模和变化情况。

2016年，全省33所本科院校在校生突破50万，26所学校规模均在扩大。本科生规模适度扩展，医药类增幅最大；研究生规模小幅增长，太原师范学院增幅最高。

全省本科院校在校生总数突破50万（503 407人），比2015学年增加了22 956人，增幅为4.8%。其中，研究生29 136人，占比5.8%；本科生474 271人，占比94.2%。

全省本科院校中综合类院校在校生总数约占总在校生规模的33%。综合类、理工类、师范类和财经类院校的在校生数均占到总数的10%以上。政法类仅占总数的0.1%。

（1）数量与规模：校均在校生规模为15 254人，校际规模差异区间多。

2016学年全省本科院校校均规模15 254人，比上年减少了244人，减幅为1.6%，高出全国普通本科院校校均规模（10 342人）4912人。其中，超过校均规模的院校有19所。

排在前10位的院校总在校生规模约占到33所本科院校总在校生规模的53%。全省本科院校在校生规模校际差异非常显著，排在前10位的院校在校生规模均在2万以上，它们的总和占到全省本科院校总在校生数的52.7%。规模较大的2所院校中，中北大学37 720人、太原理工大学36 878人。排在后10位的院校在校生数总和为48 047人，占到全省本科院校总在校生数的9.5%，规模较小的山西警察学院在校生数为500人、山西能源学院为940人。

总体上看，33所本科院校的在校生数大体分布在5个区间内。第1区间是［37720，36878］，有2所院校；第2区间是［28674，20418］，有6所院校；第3区间是［19500，12628］，有11所院校；第4区间是［9156，3621］，有10所院校；第5区间是［940，500］，有2所院校。33所本科院校在校生规模分布呈“大海上一叶小舟”的状态，稳稳地缓慢前行。

综合类院校在校生规模占全省本科院校在校生规模的1/3，医药类、农业类和政法类均不到一成。（详见表10）

表10　2016学年与2015学年各类院校规模变化情况表

学校类型	2016学年在校生数（人）	2015学年在校生数（人）	增量（人）	增幅
综合类	170 944	165 016	5 928	3.6%
理工类	132 648	127 175	5 473	4.3%
财经类	60 740	57 830	2 910	5%
医药类	47 014	43 163	3 851	8.9%

（续表）

学校类型	2016学年在校生数（人）	2015学年在校生数（人）	增量（人）	增幅
师范类	67 966	64 841	3125	4.8%
农业类	23 595	22 426	1169	5.2%
政法类	500	0	500	

（2）在校生数量规模变化情况。

2016学年全省本科院校在校生规模增量差异显著，6个独立学院减量不小。2016年33所本科院校在校生总规模为503 407人，比上学年增加了22 956人。其中有24所在校生规模有增量、7所有减量，2所新建本科院校。居于前6位的院校增量之和为12 887人，占到本学年总增量的56.1%，除太原师范学院外，另外5所院校在校生规模年增幅均超过了30%，最高的山西应用科技学院达到84.9%。7所院校在校生减量之和为5 313人，其中太原理工大学现代科技学院减了1 407人，山西师范大学现代文理学院减了1 093人，年减幅都超过了10%，7所有减量的本科院校中有6所独立学院。（详见表11）

表11　2016学年33所本科院校在校生规模变化排名表

排名	学校	在校生数（人）			
		2015年	2016年	增量	增幅
1	山西应用科技学院	2 482	4 588	2 106	84.9%
2	山西工程技术学院	3 419	5 897	2 478	72.5%
3	太原学院	4 601	7 030	2 429	52.8%
4	山西传媒学院	4 937	7 261	2 324	47.1%
5	山西医科大学晋祠学院	2 631	3 621	990	37.6%
6	太原师范学院	20 496	23 056	2 560	12.5%
7	山西医科大学	23 386	25 306	1 920	8.2%

（续表）

排名	学校	在校生数（人）			
		2015年	2016年	增量	增幅
8	晋中学院	15 528	16 643	1 115	7.2%
9	长治学院	11 797	12 629	832	7.1%
10	山西工商学院	13 843	14 779	936	6.8%
11	忻州师范学院	15 721	16 778	1 057	6.7%
12	山西中医学院	8 598	9 156	558	6.5%
13	山西农业大学	22 426	23 595	1 169	5.2%
14	长治医学院	8 548	8 931	383	4.5%
15	太原科技大学	18 665	19 500	835	4.5%
16	运城学院	20 790	21 520	730	3.5%
17	中北大学	36 450	37 720	1 270	3.5%
18	太原工业学院	14 323	14 793	470	3.3%
19	山西师范大学	18 432	19 033	601	3.3%
20	山西财经大学华商学院	4 836	4 987	151	3.1%
21	太原理工大学	35 830	36 878	1 048	2.9%
22	山西大学	27 893	28 674	781	2.8%
23	山西大同大学	27 431	27 497	66	0.2%
24	山西财经大学	20 398	20 418	20	0.1%
25	山西大学商务学院	16 271	15 968	−303	−1.9%
26	中北大学信息商务学院	14 014	13 600	−414	−3%
27	太原科技大学华科学院	4 453	4 292	−161	−3.6%
28	吕梁学院	21 709	20 622	−1 087	−5%
29	山西农业大学信息学院	16 316	15 468	−848	−5.2%

（续表）

排名	学校	在校生数（人）			
		2015年	2016年	增量	增幅
30	太原理工大学现代科技学院	14 035	12 628	−1 407	−10%
31	山西师范大学现代文理学院	10 192	9 099	−1 093	−10.7%
32	山西能源学院	0	940	—	—
33	山西警察学院	0	500	—	—

数据来源：山西省教育厅发展规划处

①全省本科在校生规模扩大了近5%，医药类本科在校生规模增幅最大（8.9%），综合类在校生规模增幅最小（3.6%）。

本科在校生规模稳中有升，校际之间本科在校生规模变化差异明显。2016学年，全省本科在校生规模达到503 407人，比2015学年多了22 956人，年增幅为4.8%。33所本科院校除山西能源学院和山西警察学院新升本外，有24所本科在校生规模扩大，2所没有变化，7所出现了负增长，其中，年增幅最大的是山西应用科技学院（84.9%），年增幅最小的是山西师范大学现代文理学院（−10.7%）。

综合类院校平均年增幅3.6%，总体呈现三种迥异的变化形态。10所综合类院校本科在校生规模之和为170 944人，比上年增加了5 928人。10所综合类院校本科在校生规模变化可分为以下3种情况：1.“四成涨幅的高位上扬”——太原学院52.8%和山西传媒学院47.1%；2.“涨幅不足一成的低位徘徊”——晋中学院7.2%、长治学院7.1%、运城学院3.5%、山西大学2.8%和山西大同大学0.2%；3.“不涨反降”——中北大学信息商务学院−3%、吕梁学院−5%和山西农业大学信息学院−5.2%。（详见表12、图7）

表12　2016学年与2015学年综合类院校在校生规模变化情况表

学校名称	2016年本科在校生数（人）	2015年本科在校生数（人）	增量（人）	增幅
太原学院	7 030	4 601	2 429	52.8%
山西传媒学院	7 261	4 937	2 324	47.1%
晋中学院	16 643	15 528	1 115	7.2%
长治学院	12 629	11 797	832	7.1%
运城学院	21 520	20 790	730	3.5%
山西大学	28 674	27 893	781	2.8%
山西大同大学	27 497	27 431	66	0.2%
中北大学信息商务学院	13 600	14 014	−414	−3%
吕梁学院	20 622	21 709	−1 087	−5%
山西农业大学信息学院	15 468	16 316	−848	−5.2%

数据来源：山西省教育厅发展规划处

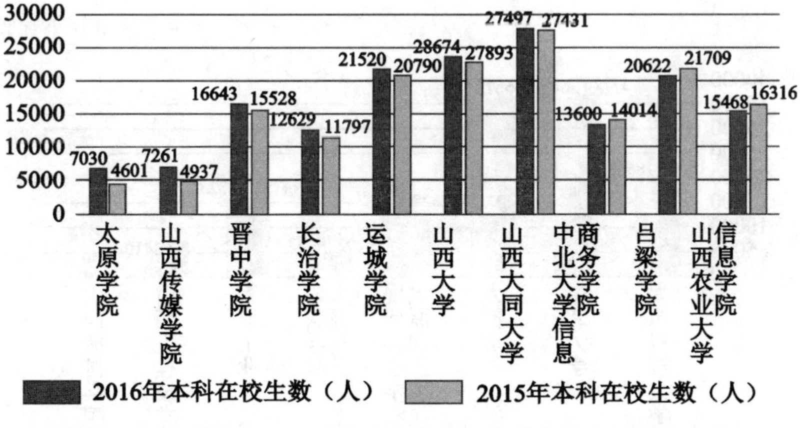

图7　2016学年与2015学年综合类院校本科在校生规模对比图

理工类院校涨幅明显，但2所独立学院减幅不小。2016学年理工类院校本科在校生规模突破12万，比上年多了5 473人，涨幅为4.3%。8所理工类本科院校除山西能源学院外，有5所本科院校在校生规模见涨，其中山西工程技术学院涨幅高达72.5%，另外4所学校徘徊在3—5个百分点之间——太原科技大学4.5%、中北大学3.5%、太原工业学院3.3%、太原理工大学2.9%。太原理工大学现代科技学院和太原科技大学华科学院减幅分别为10%、3.6%。（详见表13、图8）

表13　2016学年与2015学年理工类院校在校生规模变化情况表

学校名称	2016年本科在校生数（人）	2015年本科在校生数（人）	增量（人）	增幅
太原科技大学	19 500	18 665	835	4.5%
中北大学	37 720	36 450	1270	3.5%
太原理工大学	36 878	35 830	1048	2.9%
太原理工大学现代科技学院	12 628	14 035	−1407	−10%
太原科技大学华科学院	4 292	4 453	−161	−3.6%
太原工业学院	14 793	14 323	470	3.3%
山西工程技术学院	5 897	3 419	2478	72.5%
山西能源学院	940	0	940	

数据来源：山西省教育厅发展规划处

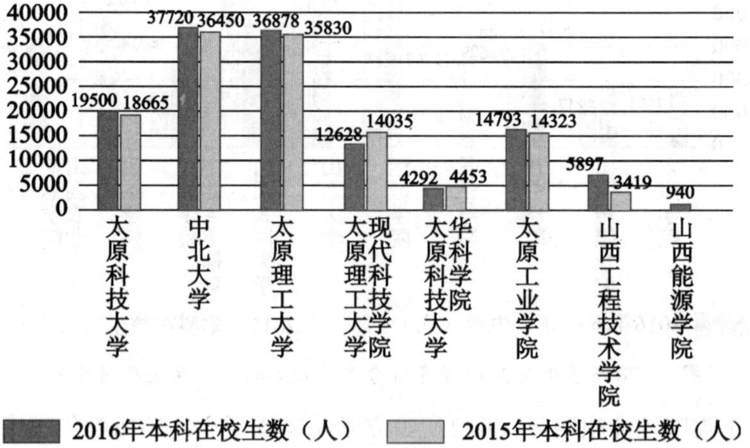

图8　2016学年与2015学年理工类院校本科在校生规模对比图

新增财经类民办本科院校扩张迅速，独立学院进入缓慢增长期或徘徊阶段。5所财经类院校本科在校生数量之和为60 740人，比上学年增加了2 910人，增幅为5%。其中有4所是增量状态，1所是减量状态。增幅最大的山西应用科技学院达到84.9%，山西工商学院、山西财经大学华商学院、山西财经大学的增幅分别为6.8%、3.1%、0.1%。山西大学商务学院本科在校生数量有所缩减，减幅1.9%。（详见表14、图9）

表14　2016学年与2015学年财经类院校在校生规模变化情况表

学校名称	2016年本科在校生数（人）	2015年本科在校生数（人）	增量（人）	增幅
山西财经大学	20 418	20 398	20	0.1%
山西应用科技学院	4 588	2 482	2106	84.9%
山西大学商务学院	15 968	16 271	−303	−1.9%
山西财经大学华商学院	4 987	4 836	151	3.1%
山西工商学院	14 779	13 843	936	6.8%

数据来源：山西省教育厅发展规划处

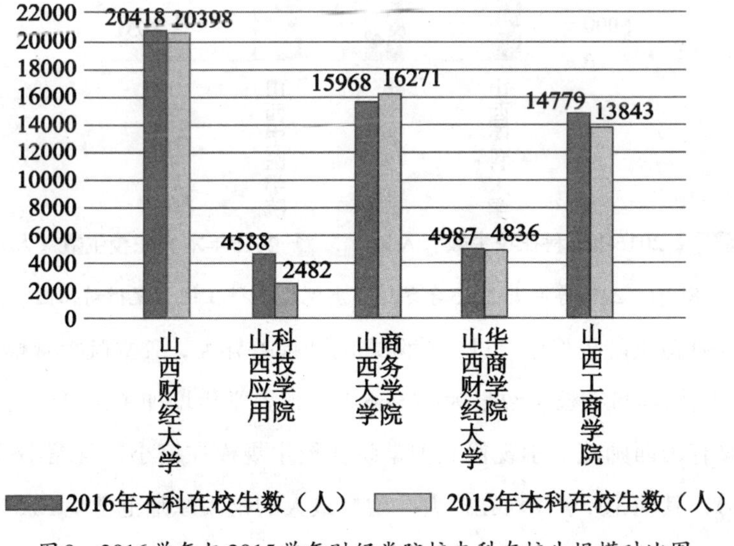

图9　2016学年与2015学年财经类院校本科在校生规模对比图

医学类本科在校生规模增量明显，校际增幅差异显著。4所医药类院校本科在校生数量为47 014人，比上学年增加了3 851人，增幅为8.9%。山西医科大学晋祠学院增幅最大，达37.6%，其次是山西医科大学8.2%、山西中医学院6.5%、长治医学院4.5%。（详见表15、图10）

表15　2016学年与2015学年医药类院校在校生规模变化情况表

学校名称	2016年本科在校生数（人）	2015年本科在校生数（人）	增量（人）	增幅
山西医科大学	25 306	23 386	1 920	8.2%
长治医学院	8 931	8 548	383	4.5%
山西中医学院	9 156	8 598	558	6.5%
山西医科大学晋祠学院	3 621	2 631	990	37.6%

数据来源：山西省教育厅发展规划处

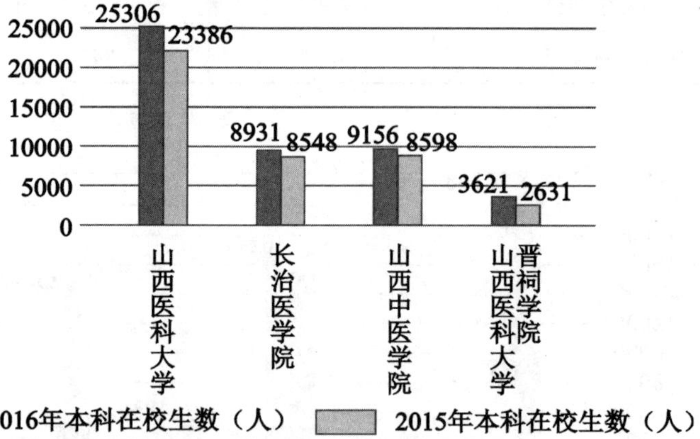

图10　2016学年与2015学年医药类院校本科在校生规模对比图

公立师范类院校稳中有进，校际之间增幅差异大，独立院校减幅明显。4所师范类院校本科在校生数量为67 966人，比上学年增加了3 125人，增幅为4.8%。仅有山西师范大学现代文理学院在校生规模在缩小，且缩小超过一成（-10.7%），其他3所学校均在扩大，增幅最大的是太原师范学院12.5%，其次

是忻州师范学院6.7%，山西师范大学增幅最小，仅增加了601人，增幅为3.3%。（详见表16、图11）

表16　2016学年与2015学年师范类院校本科在校生规模变化情况表

学校名称	2016年本科在校生数（人）	2015年本科在校生数（人）	增量（人）	增幅
山西师范大学	19 033	18 432	601	3.3%
太原师范学院	23 056	20 496	2 560	12.5%
忻州师范学院	16 778	15 721	1 057	6.7%
山西师范大学现代文理学院	9 099	10 192	−1 093	−10.7%

数据来源：山西省教育厅发展规划处

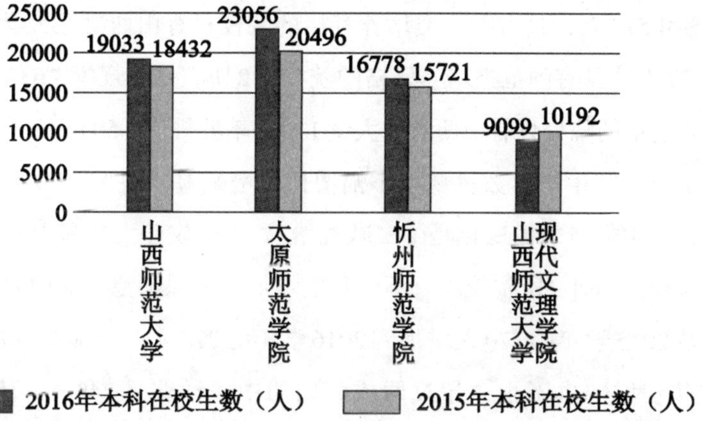

图11　2016学年与2015学年师范类院校本科在校生规模对比图

1所农业类院校——山西农业大学2016学年本科在校生数量为23 595人，比上学年增加了1 169人，增幅为5.2%。

1所政法类院校——山西警察学院本学年在校生即首年招生数500人。

②2016年，我省本科院校研究生数量规模小幅增长，数量规模的类型结构差异显著。

2016学年，全省本科院校在读研究生总数为29 136人，比上学年增加了

637人，增幅为2.2%。

“老八所”研究生培养数量规模占到总数的96.6%，密集度高。

11所具有研究生培养资格的院校中，排在前两位的太原理工大学和山西大学的研究生数量规模之和是11 104人，占到总数的38.1%。排在前八位的“老八所”2016年培养研究生数量规模之和达到28 149人，占比超过了96.6%。山西中医学院、太原师范学院和长治医学院的研究生数量规模之和是987人。

理工类研究生数量规模过万，占总数的37%。具有理工类研究生培养资格的院校有3所，总培养规模10 765人；具有综合类研究生培养资格的院校只有山西大学1所，培养规模5 298人；具有医药类研究生培养资格的院校有3所，培养规模4 512人；具有财经类培养资格的院校只有山西财经大学1所，培养规模3 427人；具有师范类培养资格的院校有2所，培养规模3 630人；具有农业类培养资格的院校只有山西农业大学1所，培养规模1 504人。

本学年研究生培养数量规模小幅增长，增幅差异很大。2016学年，全省研究生在校生数量规模变化是“二减九增”。山西农业大学和山西财经大学出现小幅减少，另外9所院校均有不同程度增加。太原师范学院增幅最大，超过六成，从2015学年的170人增加到2016学年的278人，增幅高达63.5%；2所医药类院校增幅也不小，超过两成，山西中医学院是24%、长治医学院是20.3%；“老八所”中的另外6所增幅微弱，都在3个百分点以下，最小的中北大学仅有0.1%。（详见表17、图12）

表17　11所本科院校2016学年与2015学年研究生在校生规模变化情况表

学校名称	2016年研究生在校生数（人）	2015年研究生在校生数（人）	增量（人）	增幅
山西大学	5 298	5 156	142	2.8%
太原科技大学	1 475	1 455	20	1.4%

（续表）

学校名称	2016年研究生在校生数（人）	2015年研究生在校生数（人）	增量（人）	增幅
中北大学	3 484	3 479	5	0.1%
太原理工大学	5 806	5 684	122	2.1%
山西农业大学	1 504	1 555	–51	–3.3%
山西医科大学	3 803	3 740	63	1.7%
长治医学院	89	74	15	20.3%
山西师范大学	3 352	3 258	94	2.9%
太原师范学院	278	170	108	63.5%
山西财经大学	3 427	3 428	–1	0%
山西中医学院	620	500	120	24%

数据来源：山西省教育厅发展规划处

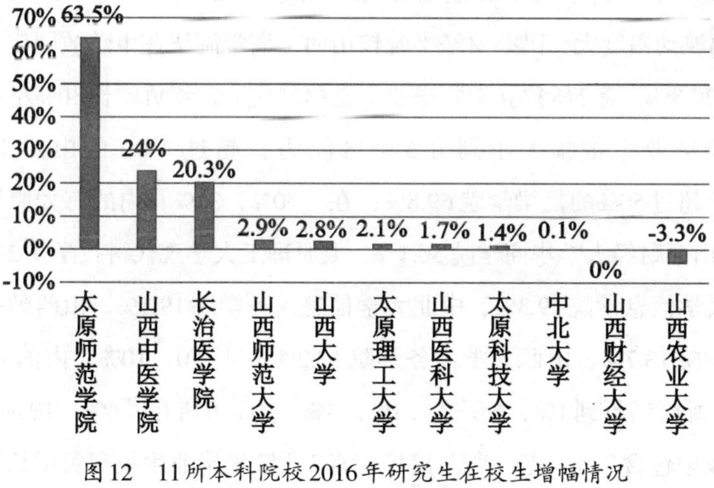

图12　11所本科院校2016年研究生在校生增幅情况

3. 本科毕业生与研究生毕业生数量规模及变化情况。

2016学年，27所院校的本科毕业生数超过10万，比上学年增加了一成多。综合类院校占到三成多；财经类院校增长最多，增幅近三成；医药类院校增幅最小，仅有3个百分点。毕业的研究生数为9 000余人，增幅明显，长治医学院第一批毕业研究生20名，除太原理工大学毕业研究生数量有所减少外，其他8所具有研究生培养资格的本科院校都有不同程度的增加。

2016学年本科和研究生毕业生数量普遍比上学年多。

27所本科院校共有毕业生110 593人，其中本科毕业生101 534人，占毕业生总数的91.8%，研究生毕业生9 059人，占毕业生总数的8.2%。

总毕业生数比上学年增加了10 410人，增幅为10.4%，其中本科毕业生增加了10089人，增幅为11%，研究生毕业生增加了321人，增幅为3.7%。

（1）2016学年与2015学年本科毕业生数量对比。

27所有毕业生的院校中，本科生除运城学院、太原科技大学华科学院和山西医科大学晋祠学院3所院校毕业生数量在减少外，其余各校毕业生都有不同程度的增加。

2016学年本科毕业生总量增幅超一成，增幅区间在［-32.3%，120%］内，增幅波动幅度大，民办财经类院校山西工商学院毕业生总数同比上学年增幅达到120.8%，有2所独立学院毕业生总数同比上学年负增长30%左右。

按照毕业生增幅大小划分5个区间为：超过100%的山西工商学院120.8%；超过50%的吕梁学院69.8%；在［10%，31%］内的有太原科技大学30.5%、山西财经大学华商学院30.1%、太原理工大学现代科技学院20.3%、山西农业大学信息学院19.3%、中北大学信息商务学院19.1%、山西师范大学现代文理学院18.7%、山西大学商务学院12.2%；在［0，10%］内的15所院校中，有3所增幅不到1%，6所在［1%，4%］内，6所在［6%，10%］内，这15所院校中包含7所“老八所”院校；有3所院校毕业生呈现负增长趋势，运城学院是-0.7%、山西医科大学晋祠学院-24.5%、太原科技大学华科学院-32.3%。（详见表18）

表18　27所本科院校2016学年与2015学年毕业生规模变化情况表

学校名称	2016年本科毕业生数（人）	2015年本科毕业生数（人）	增量（人）	增幅
山西大学	6 784	6 535	249	3.8%
太原科技大学	4 185	3 207	978	30.5%
中北大学	7 892	7 703	189	2.5%
太原理工大学	8 060	8 036	24	0.3%
山西农业大学	5 081	4 639	442	9.5%
山西医科大学	4 422	4 141	281	6.8%
长治医学院	1 850	1 828	22	1.2%
山西师范大学	4 537	4 187	350	8.4%
太原师范学院	3 497	3 264	233	7.1%
山西大同大学	6 979	6 861	118	1.7%
晋中学院	3 536	3 438	98	2.9%
长治学院	2 412	2 336	76	3.3%
运城学院	4 784	4 819	−35	−0.7%
忻州师范学院	3 635	3 424	211	6.2%
山西财经大学	5 403	5 380	23	0.4%
山西中医学院	1 383	1 259	124	9.8%
吕梁学院	6 820	4 016	2 804	69.8%
山西大学商务学院	4 373	3 898	475	12.2%
太原理工大学现代科技学院	3 936	3 272	664	20.3%
山西农业大学信息学院	4 830	4 049	781	19.3%
山西师范大学现代文理学院	3 163	2 664	499	18.7%
中北大学信息商务学院	3 518	2 954	564	19.1%

（续表）

学校名称	2016年本科毕业生数（人）	2015年本科毕业生数（人）	增量（人）	增幅
太原科技大学华科学院	1 330	1 966	−636	−32.3%
山西医科大学晋祠学院	382	506	−124	−24.5%
山西财经大学华商学院	1 395	1 072	323	30.1%
山西工商学院	3 009	1 363	1 646	120.8%
太原工业学院	3 397	3 366	31	0.9%

数据来源：山西省教育厅发展规划处

财经类院校本科毕业生增量最大，民办普通本科院校和独立学院增幅显著。

①2016学年与2015学年8所综合类院校本科毕业生数对比。

2016学年8所综合类院校共毕业38 119人，比上年增加了4 604人，增幅为13.7%。其中，增幅最大的是吕梁学院，毕业生数增加了69.8%，增幅最小的是山西大同大学1.7%，运城学院毕业生数略微有所减少，减幅为0.7%，其他5所学校按增幅由大到小分别为：山西农业大学信息学院19.3%、中北大学信息商务学院19.1%、山西大学3.9%、长治学院3.3%、晋中学院2.9%。（详见表19、图13）

表19　2016学年与2015学年综合类院校本科毕业生规模变化情况表

学校名称	2016年本科毕业生数（人）	2015年本科毕业生数（人）	增量（人）	增幅
山西大学	5 240	5 042	198	3.9%
山西大同大学	6 979	6 861	118	1.7%
晋中学院	3 536	3 438	98	2.9%
长治学院	2 412	2 336	76	3.3%
运城学院	4 784	4 819	−35	−0.7%
吕梁学院	6 820	4 016	2 804	69.8%

（续表）

学校名称	2016年本科毕业生数（人）	2015年本科毕业生数（人）	增量（人）	增幅
山西农业大学信息学院	4 830	4 049	781	19.3%
中北大学信息商务学院	3 518	2 954	564	19.1%

数据来源：山西省教育厅发展规划处

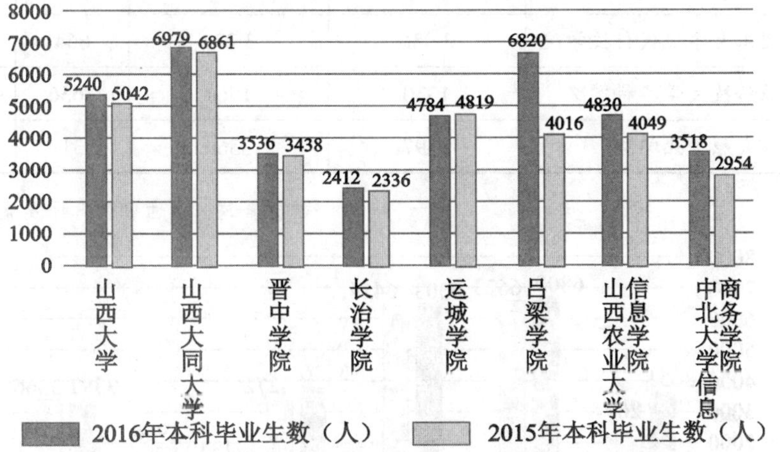

图13　2016学年与2015学年综合类院校本科毕业生数对比图

② 2016学年与2015学年6所理工类院校本科毕业生数对比。

2016学年6所理工类院校共毕业25 617名本科生，比上年增加了1 279人，增幅为5.3%。其中，除太原科技大学华科学院毕业生减少之外，其余5所院校毕业生数均多于2015年，且增幅大小差异较大，可以划分为两个区间：一是增幅在［20%，36%］之间的太原科技大学35.4%和太原理工大学现代科技学院20.3%；二是增幅不足3个百分点的中北大学2.7%、太原理工大学1.4%和增幅最小的太原工业学院0.9%。（详见表20、图14）

表20　2016学年与2015学年理工类院校本科毕业生规模变化情况表

学校名称	2016年本科毕业生数（人）	2015年本科毕业生数（人）	增量（人）	增幅
太原科技大学	3 651	2 697	954	35.4%
中北大学	6 800	6 623	177	2.7%
太原理工大学	6 503	6 414	89	1.4%
太原理工大学现代科技学院	3 936	3 272	664	20.3%
太原科技大学华科学院	1330	1966	−636	−32.3%
太原工业学院	3397	3366	31	0.9%

数据来源：山西省教育厅发展规划处

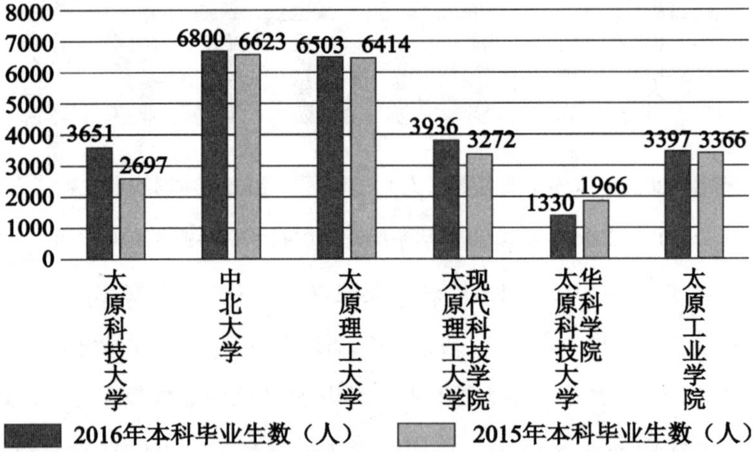

图14　2016学年与2015学年理工类院校本科毕业生数对比图

③ 2016学年与2015学年4所财经类院校本科毕业生数对比。

2016年4所财经类院校本科毕业生12 845人，比上年增加了2 403人，增幅为23%，且学校间差异很大：山西工商学院增幅最大，增幅超过100%，达到120.8%；山西财经大学华商学院增幅超过三成，达30.1%；而“老八所”院校之一的山西财经大学毕业生数则在缩小，缩小了1个百分点。（详见表21、图15）

表21　2016学年与2015学年财经类院校本科毕业生规模变化情况表

学校名称	2016年本科毕业生数（人）	2015年本科毕业生数（人）	增量（人）	增幅
山西财经大学	4 068	4 109	−41	−1%
山西大学商务学院	4 373	3 898	475	12.2%
山西财经大学华商学院	1 395	1 072	323	30.1%
山西工商学院	3 009	1 363	1 646	120.8%

数据来源：山西省教育厅发展规划处

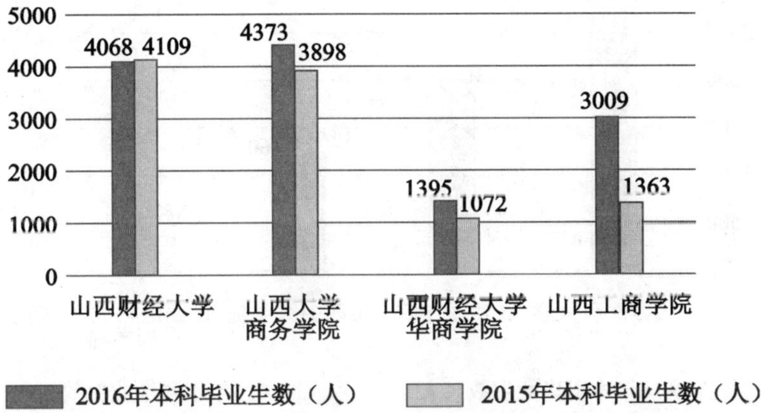

图15　2016学年与2015学年财经类院校本科毕业生数对比图

④2016学年与2015学年4所医药类院校本科毕业生数对比。

2016年4所医药类院校共毕业6 709名本科生，比上年增加了197人，增幅为3%。其中，毕业生数增量最大的是山西中医学院，增幅为8.9%，其次是山西医科大学7.2%，长治医学院略微增加了0.1个百分点，仅有山西医科大学晋祠学院毕业生数在减少，减幅达24.5%。（详见表22、图16）

表22　2016学年与2015学年医药类院校本科毕业生规模变化情况表

学校名称	2016年本科毕业生数（人）	2015年本科毕业生数（人）	增量（人）	增幅
山西医科大学	3 234	3 018	216	7.2%
长治医学院	1 830	1 828	2	0.1%
山西中医学院	1 263	1 160	103	8.9%
山西医科大学晋祠学院	382	506	−124	−24.5%

数据来源：山西省教育厅发展规划处

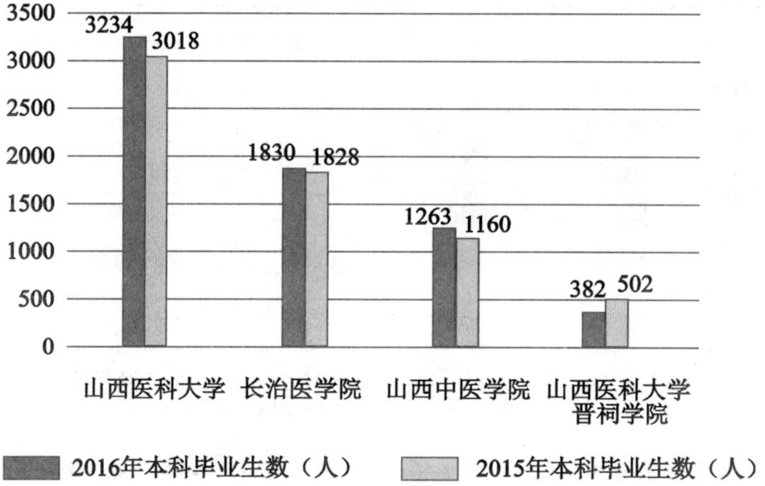

图16　2016学年与2015学年医药类院校本科毕业生数对比图

⑤2016学年与2015学年4所师范类院校本科毕业生数对比。

2016学年4所师范类院校本科毕业生共有13 785人，比上年增加了1 255人，增幅为10%。其中，除山西师范大学现代文理学院增幅近两成外，其他3所院校间的增幅差异并不大，山西师范大学增加了9.8%，太原师范学院增加了7.1%，忻州师范学院增加了6.2%。（详见表23、图17）

表23　2016学年与2015学年师范类院校本科毕业生规模变化情况表

学校名称	2016年本科毕业生数（人）	2015年本科毕业生数（人）	增量（人）	增幅
山西师范大学	3 490	3 178	312	9.8%
太原师范学院	3 497	3 264	233	7.1%
忻州师范学院	3 635	3 424	211	6.2%
山西师范大学现代文理学院	3 163	2 664	499	18.7%

数据来源：山西省教育厅发展规划处

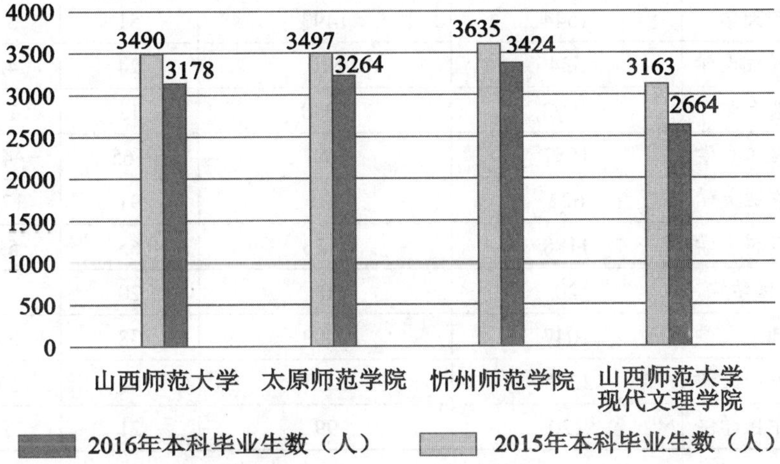

图17　2016学年与2015学年师范类院校本科毕业生数对比图

1所农林类院校即山西农业大学共有4 459名本科生毕业，比上年增加了351人，增幅达8.5%。

（2）2016学年与2015学年研究生毕业生数量对比。

2016学年同比2015学年毕业的研究生数量，有将近4个百分点的增量，校际之间增量变化有明显差异。

2016学年有10所具有培养研究生资格的本科院校共有9 059名研究生毕业，比上年增加了321人，增幅为3.7%。其中，长治医学院首年毕业研究生

20人，其他9所学校毕业研究生增幅超过一成的院校有2所，分别为山西中医学院21.2%和山西农业大学17.1%，其次是山西医科大学5.8%、山西财经大学5%、太原科技大学4.7%、山西师范大学3.8%、山西大学3.4%，增幅最小的是中北大学1.1%，太原理工大学毕业研究生数比上年减少了65人，减幅为4%。(详见表24、图18)

表24 2016学年与2015学年毕业研究生规模变化情况表

学校名称	2016年研究生毕业生数（人）	2015年研究生毕业生数（人）	增量（人）	增幅
山西大学	1544	1493	51	3.4%
太原科技大学	534	510	24	4.7%
中北大学	1092	1080	12	1.1%
太原理工大学	1557	1622	−65	−4.0%
山西农业大学	622	531	91	17.1%
山西医科大学	1188	1123	65	5.8%
长治医学院	20	0	20	–
山西师范大学	1047	1009	38	3.8%
山西财经大学	1335	1271	64	5.0%
山西中医学院	120	99	21	21.2%

数据来源：山西省教育厅发展规划处

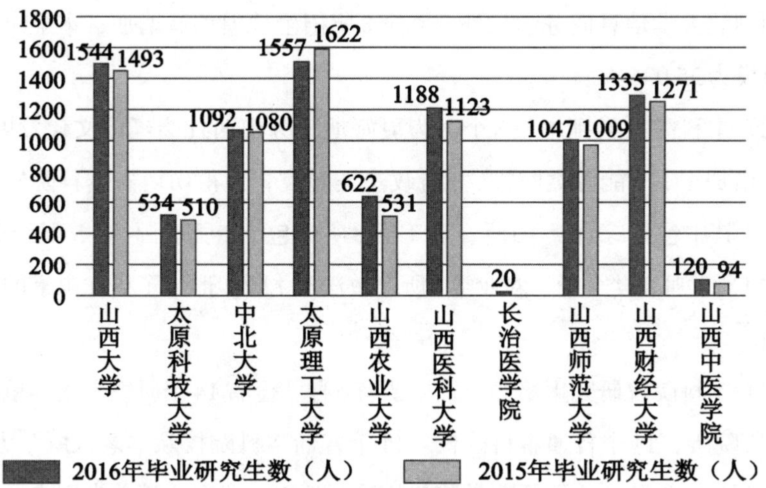

图18　2016年与2015年毕业研究生数对比图

（二）全省本科院校基本结构的优化及变化

1. 公民办本科院校类别结构。

公民办本科院校数量结构仍然保持着7∶3格局，在校生规模结构为8∶2。综合类和理工类院校约占总数的55%，研究生培养单位依然是14个。全省本科院校专业结构社会服务取向明显。

（1）2016学年全省普通本科院校共有33所，比2015学年多了“山西能源学院”与“山西警察学院”2所。其中公办本科院校23所、民办本科院校10所，民办院校数量占到总数的三成多。10所民办院校中有8所是“老八所”设立的独立学院，主要招收三本类学生，含2所综合类、3所理工类、2所财经类、1所医药类、1所农业类和1所师范类院校。

民办院校总在校生规模为99 030人，占到了全省本科院校总在校生数的20%，比上学年减少了43人。除山西应用科技学院、山西工商学院、山西医科大学晋祠学院和山西财经大学华商学院外，其余6所均有减少。

本学年，民办院校招生规模为26 320人，占到全省本科院校总招生规模的19%，比上学年增加了1 032人，增幅为4%，其中，除太原理工大学现代科技学院和中北大学信息商务学院外，其余8所招生规模均有增加；本学年本科毕业生规模为25 936人。

（2）本科院校类别增至8个。为更好地服务山西社会经济文化发展需要，本学年增加了1所能源类院校、1所政法类院校，使得山西省本科院校类别增至8个，其中包括综合类10所、理工类8所（包括1所能源类）、财经类5所、医药类4所、师范类4所、农业类1所、政法类1所，形成了更加丰富的本科服务架构。

（3）本科院校研究生培养类别主要有6种。全省14个研究生培养单位中有3个科研院所、11个普通本科院校。11个普通本科院校除“老八所”大学外，还有山西中医学院、太原师范学院与长治医学院。研究生培养类别主要集中于综合类、理工类、财经类、医药类、农业类和师范类6种。

2. 专任教师结构变化与优化。

33所本科院校专任教师队伍中拥有博士学位的教师逐年提高，44岁以下年龄的教师占比超七成。“老八所”院校、理工类院校师资力量最强，拥有博士学位的教师均在三成左右。

（1）专任教师素质结构正在渐变中，拥有博士学位的教师、正高职称教师的数量在微幅增长。2016学年，全省33所本科院校共有专任教师29 175人，同比上学年增加了1 026人，增幅为3.6%。其中，拥有博士学位的教师5 435人，占比18.6%，增加了445人，增幅为8.9%；拥有硕士学位的教师13 080人，占比44.9%，增加了462人，增幅为3.7%；拥有副高及以上职称的专任教师10 589人，占比36.3%，含拥有正高职称的教师2 627人，占比9%；年龄在30—54岁之间的教师23 909人，占比82%。（详见表25、表26、表27）

（2）国家学者计划入选者和有海外学习经历的教师越来越多。2016学年“千人计划”入选者增加为5人，比2015学年多了1人；“青年千人计划”入选者增加为5人，突破了零的记录；“长江学者奖励计划”讲座教授由上学年的5

人减少为4人；“国家杰出青年科学基金”获得者由上学年的13人减为10人；有海（境）外学习经历累计一年以上的专任教师增加为1 820人，比上学年增加了392人。

（3）“老八所”共有专任教师11 863人。拥有博士学位的教师4 226人，占比35.6%；有副高及以上职称的专任教师4 865人，占比41%，其中含正高职称教师1 416人，占比11.9%；34岁及以下的专任教师3 092人，占比26.1%；35—54岁的教师8 075人，占比68.1%。

（4）有3个类别的院校专任教师中拥有硕士及以上学位的教师人数占比超过了全省本科院校专任教师硕士及以上学位占比。全省本科院校专任教师中拥有硕士及以上学位的教师人数占比为63.5%，高于平均数的院校类别有理工类、医药类、农业类，剩余4个类别均低于平均占比，其中最低的政法类院校仅有31%。

表25　2016年高校教师学历情况

学校类别	人数总计		硕士及以上						本科		专科及以下	
			合计		博士		硕士					
	人数	占比	人数	占比	人数	占比	人数	占比	人数	占比	人数	占比
33所高校	29175	100%	18515	63.5%	5435	18.6%	13080	44.8%	10507	36%	153	0.5%
10所综合类院校	9549	32.7%	5674	59.4%	1222	12.8%	4452	46.6%	3814	39.9%	61	0.6%
8所理工类院校	7667	26.3%	5801	75.7%	2332	30.4%	3469	45.2%	1861	24.3%	5	0.1%
5所财经类院校	3791	13%	2140	56.4%	249	6.6%	1891	49.9%	1637	43.2%	14	0.4%
4所医药类院校	2531	8.7%	1659	65.4%	536	21.2%	1123	44.4%	845	33.4%	27	1.1%
4所师范类院校	4160	14.3%	2294	55.1%	803	19.3%	1491	35.8%	1820	43.8%	46	1.1%

（续表）

学校类别	人数总计		硕士及以上						本科		专科及以下	
			合计		博士		硕士					
	人数	占比	人数	占比	人数	占比	人数	占比	人数	占比	人数	占比
1所农业类院校	1167	4%	851	72.9%	287	24.6%	564	48.3%	316	27.1%	0	0
1所政法类院校	310	1.1%	96	31%	6	1.9%	90	29%	214	69%	0	0

数据来源：山西省教育厅发展规划处

表26 2016年高校教师职称情况

学校类别	总计	副高及以上						中级及以下	
		合 计		正高		副高			
		人数	占比	人数	占比	人数	占比	人数	占比
33所高校	29175	10589	36.3%	2627	9%	7962	27.3%	18586	63.7%
“老八所”高校	11863	4865	41%	1416	11.9%	3449	29.1%	6998	59%
山西大同大学及16所学院	12423	4045	32.6%	744	6%	3301	26.6%	8378	67.4%
8所独立学院	4889	1679	34.3%	467	9.6%	1212	24.8%	3210	65.7%

数据来源：山西省教育厅发展规划处

表27 2016年高校教师年龄情况

学校类别	合计	29岁及以下		30—44岁		45—54岁		55岁及以上	
		人数	占比	人数	占比	人数	占比	人数	占比
33所高校	29175	3705	12.7%	17194	58.9%	6720	23.0%	1556	5.3%
10所综合类院校	9549	1357	14.2%	5836	61.1%	1966	20.6%	390	4.1%
8所理工类院校	7667	642	8.4%	4700	61.3%	1978	25.8%	347	4.5%
5所财经类院校	3791	734	19.4%	1892	49.9%	829	21.9%	336	8.9%
4所医药类院校	2531	339	13.4%	1453	57.4%	586	23.2%	153	6.1%

（续表）

学校类别	合计	29岁及以下		30—44岁		45—54岁		55岁及以上	
		人数	占比	人数	占比	人数	占比	人数	占比
4所师范类院校	4160	395	9.5%	2445	58.8%	1053	25.3%	267	6.4%
1所农业类院校	1167	207	17.7%	699	59.9%	202	17.3%	59	5.1%
1所政法类院校	310	31	10.0%	169	54.5%	106	34.2%	4	1.3%

数据来源：山西省教育厅发展规划处

（5）不同类别院校专任教师学历结构有差异，年龄结构差异不大。

①理工类院校专任教师中拥有博士学位的教师占比最高，将近三成，七成以上专任教师年龄在44岁以下。

8所理工类院校共有专任教师7 667人，占到全省本科院校专任教师的26.3%，其中，拥有博士学位的教师2 332人，占到理工类院校所有专任教师的30.4%；29岁及以下的专任教师有642人，占比8.4%；30—44岁的专任教师有4 700人，占比61.3%；45—54岁的专任教师有1 978人，占比25.8%；55岁及以上的专任教师占比4.5%。

②医药类、师范类、农业类及政法类院校专任教师中拥有博士学位的教师均在两成左右，44岁及以下的专任教师比例超过七成。

4所医药类院校共有专任教师2 531人，占到全省本科院校专任教师的8.7%，其中，拥有博士学位的专任教师536人，占到医药类院校所有专任教师的21.2%；29岁及以下的专任教师有339人，占比13.4%；30—44岁的专任教师有1 453人，占比57.4%；45—54岁的专任教师有586人，占比23.2%；55岁及以上的专任教师占比6.1%。

4所师范类院校共有专任教师4 160人，占到全省本科院校专任教师的14.3%，其中，拥有博士学位的专任教师803人，占到师范类院校所有专任教师的19.3%；29岁及以下的专任教师有395人，占比9.5%；30—44岁的专任教师有2 445人，占比58.8%；45—54岁的专任教师有1 053人，占比25.3%；55岁及以上的专任教师占比6.4%。

1所农业类院校共有专任教师1 167人，占到全省本科院校专任教师的4%，其中，拥有博士学位的专任教师287人，占到农业类院校所有专任教师的24.6%；29岁及以下的专任教师有207人，占比17.7%；30—44岁的专任教师有699人，占比59.9%；45—54岁的专任教师有202人，占比17.39%；55岁及以上的专任教师占比5.1%。

1所政法类院校有专任教师310人，占到全省本科院校专任教师的1.1%，其中，拥有博士学位的专任教师6人，占到政法类院校所有专任教师的1.9%；29岁及以下的专任教师有31人，占比10%；30—44岁的专任教师有169人，占比54.5%；45—54岁的专任教师有106人，占比34.2%；55岁及以上的专任教师占比1.3%。

③综合类和财经类院校的专任教师中有一成左右拥有博士学位，30—44岁的中青年教师是骨干力量，候补力量充足。

10所综合类院校共有专任教师9 549人，占到全省本科院校专任教师的三成多（32.7%），其中，拥有博士学位的专任教师有1 222人，占到综合类院校所有专任教师的12.8%；29岁及以下的专任教师有1 357人，占比14.2%；30—44岁的专任教师有5 836人，占比61.1%；45—54岁的专任教师有1966人，占比20.6%；55岁及以上的专任教师占比4.1%。

5所财经类院校共有专任教师3 791人，占到全省本科院校专任教师的13%，其中，拥有博士学位的专任教师249人，占到财经类院校所有专任教师的6.6%；29岁及以下的专任教师有734人，占比19.4%；30—44岁的专任教师有1 892人，占比49.9%；45—54岁的专任教师有829人，占比21.9%；55岁及以上的专任教师占比8.9%。

3. 学科门类专业设置调整与优化。

为对接山西省社会经济发展需要，围绕山西省综改试验区建设，结合33所普通本科院校发展实际，2016学年新增了85个院系、54个本科专业，撤销了3个专业。目前，山西省普通本科院校共有537个院系271个专业类别1239个设置量，基本能够满足山西省社会经济文化发展需要，满足来自全国莘莘学子的需要。（详见表28）

表28　33所本科院校院系数量一览表

院系个数	学校数量	学校名称
32	1	山西师范大学
30	1	山西大学
26	1	忻州师范学院
25	2	太原师范学院、太原理工大学
22	1	山西财经大学
21	1	吕梁学院
20	1	长治医学院
19	4	中北大学、运城学院、山西农业大学、山西能源学院
18	2	山西医科大学、山西大同大学
17	2	太原科技大学、太原理工大学现代科技学院
16	3	山西中医学院、晋中学院、山西师范大学现代文理学院
15	1	长治学院
14	2	太原工业学院、山西大学商务学院
13	3	太原学院、山西传媒学院、山西工商学院
12	1	山西警察学院
11	2	山西工程技术学院、中北大学信息商务学院
7	1	山西财经大学华商学院
6	2	山西应用科技学院、山西农业大学信息学院
4	2	山西医科大学晋祠学院、太原科技大学华科学院

数据来源：山西省教育厅发展规划处

（1）学科门类丰富、专业设置量充足，学科之间设置量差异显著。

本学年，除建筑学外，山西省33所本科院校共有12个学科门类271个专业类别，比上学年增加了54个专业。其中，工学（95个）、理学（34个）、医学（11个）、农学（17个）这4种自然科学类专业数量最多，共有157个，占总数的57.9%；管理学（28个）、艺术学（27个）、文学（16个）、经济学（15个）、教育学（13个）、法学（9个）、历史学（5个）和哲学（1个）这8种人文社科类专业数量共114个，占总数的42.1%。

计算机科学与技术设置量最多，有26所本科院校设置这个专业。有18种专业类别设置量在10所院校以上，有253种专业类别设置量在10所院校以下，占到专业总量的87%，有91种专业类别设置量为1所院校。（详见图19）

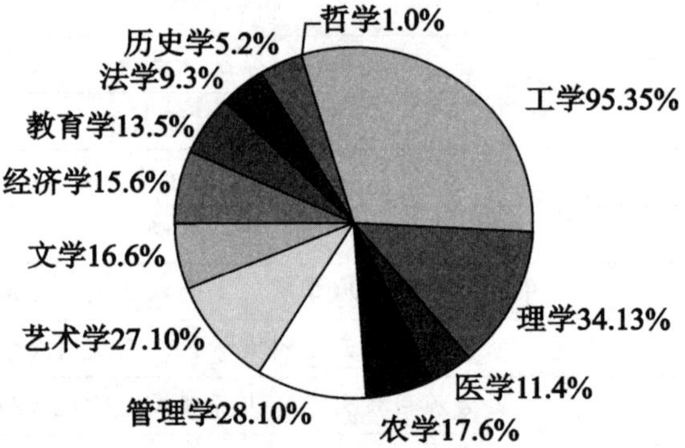

图19　33所本科院校12个学科271种专业类别一览图

工学设置量占比超三成，哲学设置量仅为1。山西省本科院校专业设置总量为1239个。其中，工学专业设置量为399个、理学191个、管理学174个、艺术学155个、文学88个、教育学62个、经济学57个、法学43个、农学28个、医学25个、历史学16个、哲学1个。

（2）不同类别院校涉及学科门类多样，专业设置量差异显著。山西大学专业设置量最多，为91个；山西警察学院专业设置量最少，为4个。

综合类院校专业设置量达到410个，设置区间为［1，123］，涉及12个学科，以工学类专业设置量最多，有123个，占到所有综合类专业的30%，其次是理学和艺术学（各62个），各占比15%。设置量最少的是哲学类（1个）。

理工类院校专业设置量达345个，设置区间为［1，222］，涉及除农学、医学和哲学外的9个学科，以工学最多，达222个，占总数的64.3%，其次是艺术学31个，占比9%。设置量最少的是历史学（1个）。

财经类院校专业设置量有155个，设置区间为［3，60］，涉及除医学、农学、历史学和哲学之外的8个学科，以管理学最多（60个），占比38.7%，其次是经济学27个，占比17.4%，艺术学、工学和文学设置量分别为19个、17个和16个，其余3个学科设置量均没有超过10个，最少的是法学（3个）。

医学类院校专业设置量有80个，设置区间为［1，34］，涉及除经济学、历史学和哲学之外的9个学科，以理学最多（34个），占到了42.5%，其次是医学（23个），占比28.8%，农学和艺术学最少（各1个）。

师范类院校专业设置量有183个，设置区间为［2，52］，涉及除医学和哲学以外的10个学科，理学的设置量最多（52个），占比28.4%，其次是艺术学（39个），占比21.3%，设置量最少的是农学（2个）。

农业类院校专业设置量有62个，设置区间为［1，20］，涉及除教育学、历史学、医学和哲学之外的8个学科，以工学最多（20个），占总数的32.3%，其次是农学（17个），占比27.4%，设置量最少的是法学、经济学和文学（各1个）。

政法类院校专业设置量有4个，涉及法学和工学2个学科，其中，法学有3个，工学有1个。（详见表29）

表29　2016年全省本科院校分类别专业设置量一览表

学校类别 / 学科门类	综合类（10所）	理工类（8所）	财经类（5所）	医药类（4所）	师范类（4所）	农业类（1所）	政法类（1所）	合计
合计	410	345	155	80	183	62	4	1239

（续表）

学科门类 \ 学校类别	综合类（10所）	理工类（8所）	财经类（5所）	医药类（4所）	师范类（4所）	农业类（1所）	政法类（1所）	合计
法学	15	9	3	2	10	1	3	43
工学	123	222	17	6	10	20	1	399
管理学	52	26	60	8	18	10		174
教育学	24	7	4	2	25			62
经济学	13	13	27		3	1		57
理学	62	25	9	34	52	9		191
历史学	9	1			6			16
农学	8			1	2	17		28
文学	39	11	16	3	18	1		88
医学	2			23				25
艺术学	62	31	19	1	39	3		155
哲学	1							1

数据来源：山西省教育厅发展规划处

（3）新增的54个高新技术类专业分布在24所院校中，涉及10个学科门类。

本学年新增的54个专业均属于支柱性、战略性新兴产业发展急需的高新技术类专业，目前设置量有67个。这54个专业涉及除法学和哲学之外的10个学科，其中工学18个、理学14个、艺术学10个。

有24所院校新增了专业，增量区间为［1，5］。山西传媒学院、太原学院、山西工程技术学院和山西应用科技学院4所学院各增了5个，山西医科大学增了4个，山西大同大学、太原师范学院、运城学院、长治学院、吕梁学院、山西工商学院、山西医科大学晋祠学院和山西财经大学华商学院8所院校各增了3个，山西大学、太原理工大学、山西农业大学、山西师范大学、中北大学、山西中医学院、忻州师范学院和山西大学商务学院8所院校各增了2个，太原科技大学、长治医学院和太原工业学院各增1个。（详见表30）

表30　2016年山西省普通本科院校新增专业一览表（67个）

序号	新增专业数	学校	专业	学科
1	2	山西大学	新能源科学与工程	工学
			物业管理	管理学
2	2	太原理工大学	能源经济	经济学
			文物保护技术	历史学
3	2	山西农业大学	风景园林	工学
			植物科学与技术	农学
4	4	山西医科大学	医学影像技术	理学
			精神医学	医学
			儿科学	医学
			临床药学	理学
5	2	山西师范大学	生态学	理学
			摄影	艺术学
6	2	中北大学	分子科学与工程	理学
			采矿工程	工学
7	1	太原科技大学	采矿工程	工学
8	3	山西大同大学	运动康复	理学
			商务英语	文学
			书法学	艺术学
9	1	长治医学院	医学影像技术	理学
10	2	山西中医学院	生物制药	工学
			药物分析	理学

（续表）

序号	新增专业数	学校	专业	学科
11	3	太原师范学院	统计学	理学
			城市管理	管理学
			书法学	艺术学
12	2	忻州师范学院	小学教育	教育学
			审计学	管理学
13	3	运城学院	应用统计学	理学
			材料化学	工学
			通信工程	工学
14	3	长治学院	翻译	文学
			应用统计学	理学
			光电信息科学与工程	理学
15	1	太原工业学院	汽车服务工程	工学
16	3	吕梁学院	机械电子工程	工学
			园林	农学
			物业管理	管理学
17	3	山西工商学院	翻译	文学
			建筑环境与能源应用工程	工学
			音乐表演	艺术学
18	5	山西传媒学院	网络与新媒体	文学
			数字媒体技术	工学
			表演	艺术学
			摄影	艺术学
			环境设计	艺术学

（续表）

序号	新增专业数	学校	专业	学科
19	5	太原学院	投资学	经济学
			物联网工程	工学
			建筑学	工学
			园林	农学
			会展经济与管理	管理学
20	5	山西工程技术学院	投资学	经济学
			机械工程	工学
			勘查技术与工程	工学
			工程造价	工学
			财务管理	管理学
21	5	山西应用科技学院	汽车服务工程	工学
			风景园林	工学
			电子商务	管理学
			音乐表演	艺术学
			播音与主持艺术	艺术学
22	2	山西大学商务学院	商务经济学	经济学
			数字媒体艺术	艺术学
23	3	山西医科大学晋祠学院	医学检验技术	理学
			眼视光学	理学
			康复治疗学	理学
24	3	山西财经大学华商学院	金融工程	经济学
			商务英语	文学
			资产评估	管理学

数据来源：山西省教育厅高教处

同时，围绕省综改试验区建设对相关专业人才的需求，依托有关专业设置了数字金融、大数据云计算、健康产业管理、新能源材料等专业研究方向。

（4）新增审批本科专业。

2016学年，全省新增审批专业5个，占到了全国新增审批专业（226个）的2.2%，其中，太原科技大学新审批的是旅游管理专业，太原理工大学新审批的是信息安全专业，山西警察学院新审批3个专业，分别为警务指挥与战术、刑事科学技术、网络安全与执法，警务指挥与战术是特设专业。（详见表31）

表31　2016年山西省普通本科院校新增审批专业

序号	编号	学校名称	专业名称	专业代码	学位授予门类
1	51	太原科技大学	旅游管理	120901K	管理学
2	52	太原理工大学	信息安全	080904K	工学
3	53	山西警察学院	警务指挥与战术	030615TK	法学
4	54	山西警察学院	刑事科学技术	083101K	工学
5	55	山西警察学院	网络安全与执法	083108TK	工学

（5）新增55个备案专业，分布在21个学校。

2016学年山西省普通本科院校共有21个院校新增备案专业55个，涉及7个学科门类，分别为工学29个、管理学11个、艺术学8个、经济学3个、文学2个、法学1个、理学1个，其中，含11个特设专业。

7所“老八所”院校有新增备案专业。除山西医科大学没有新增备案专业外，其他“老八所”院校均有新增备案专业，太原理工大学新增2个工学专业、山西财经大学新增1个管理学专业，其他5所院校各新增1个工学专业。

新增备案专业在21所院校间的设置量区间为［1，6］。山西能源学院新增备案专业6个，涉及4个工学专业、1个管理学专业、1个经济学专业；晋中学院和山西应用科技学院各增5个——晋中学院新增了5个工学专业，山西应用科技学院新增了2个管理学、1个工学、1个经济学、1个艺术学共5个备案专业；太原学院、山西工商学院和山西工程技术学院分别新增4个备案专业；山西大同大学、运城学院、山西传媒学院和山西农业大学信息学院各增了3个备案专业；太原理工大学、太原师范学院、长治学院和吕梁学院各增2个备案专业；中北大学信息商务学院也新增了1个备案专业。（详见表32）

表32　2016年山西省普通本科院校新增备案专业

序号	编号	学校名称	专业名称	专业代码	学位授予门类
1	315	山西大学	资源循环科学与工程	081303T	工学
2	316	太原理工大学	道路桥梁与渡河工程	081006T	工学
3	317	太原理工大学	机械电子工程	80204	工学
4	318	中北大学	数据科学与大数据技术	080910T	工学
5	319	太原科技大学	数字媒体技术	80906	工学
6	320	山西农业大学	车辆工程	80207	工学
7	321	山西师范大学	食品质量与安全	82702	工学
8	322	山西大同大学	新能源材料与器件	080414T	工学
9	323	山西大同大学	矿物加工工程	81503	工学
10	324	山西大同大学	音乐表演	130201	艺术学
11	325	吕梁学院	食品质量与安全	82702	工学
12	326	吕梁学院	工业设计	80205	工学
13	327	晋中学院	汽车服务工程	80208	工学
14	328	晋中学院	轨道交通信号与控制	080802T	工学
15	329	晋中学院	复合材料与工程	80408	工学
16	330	晋中学院	环境科学与工程	82501	工学
17	331	晋中学院	数据科学与大数据技术	080910T	工学
18	332	太原师范学院	信用管理	020306T	经济学
19	333	太原师范学院	广播电视编导	130305	艺术学

（续表）

序号	编号	学校名称	专业名称	专业代码	学位授予门类
20	334	长治学院	财务管理	120204	管理学
21	335	长治学院	酒店管理	120902	管理学
22	336	运城学院	电气工程及其自动化	80601	工学
23	337	运城学院	表演	130301	艺术学
24	338	运城学院	资产评估	120208	管理学
25	339	山西财经大学	工程造价	120105	管理学
26	340	山西工商学院	电子信息工程	80701	工学
27	341	山西工商学院	软件工程	80902	工学
28	342	山西工商学院	审计学	120207	管理学
29	343	山西工商学院	影视摄影与制作	130311T	艺术学
30	344	山西农业大学信息学院	资产评估	120208	管理学
31	345	山西农业大学信息学院	物联网工程	80905	工学
32	346	山西农业大学信息学院	房地产开发与管理	120104	管理学
33	347	中北大学信息商务学院	汽车服务工程	80208	工学
34	348	太原学院	城市管理	120405	管理学
35	349	太原学院	翻译	50261	文学
36	350	太原学院	音乐表演	130201	文学
37	351	太原学院	数学与应用数学	70101	理学
38	352	山西传媒学院	舞蹈编导	130206	艺术学
39	353	山西传媒学院	音乐表演	130201	艺术学
40	354	山西传媒学院	视觉传达设计	130502	艺术学
41	355	山西应用科技学院	软件工程	80902	工学
42	356	山西应用科技学院	财务管理	120204	管理学

（续表）

序号	编号	学校名称	专业名称	专业代码	学位授予门类
43	357	山西应用科技学院	市场营销	120202	管理学
44	358	山西应用科技学院	金融工程	20302	经济学
45	359	山西应用科技学院	书法学	130405T	艺术学
46	360	山西工程技术学院	思想政治教育	30503	法学
47	361	山西工程技术学院	矿物加工工程	81503	工学
48	362	山西工程技术学院	无机非金属材料工程	80406	工学
49	363	山西工程技术学院	地质工程	81401	工学
50	364	山西能源学院	能源与环境系统工程	080502T	工学
51	365	山西能源学院	能源与动力工程	80501	工学
52	366	山西能源学院	财务管理	120204	管理学
53	367	山西能源学院	机械电子工程	80204	工学
54	368	山西能源学院	测绘工程	81201	工学
55	369	山西能源学院	能源经济	020106T	经济学

数据来源：中国政府网

（6）撤销了山西大学3个需求较弱的专业。

依据动态监管专业发展情况，2016学年经教育部审批，撤销了山西大学的生物技术、公共事业管理和应用物理学3个专业。（详见表33）

表33　2016年山西省普通本科院校撤销的3个本科专业

学校名称	专业名称	专业代码	学位授予门类
山西大学	生物技术	71002	理学
山西大学	公共事业管理	120401	管理学
山西大学	应用物理学	70202	理学

数据来源：中国政府网

综上所述，2016学年学科门类与专业设置变动和调整力度比上学年更大，带来的变化有三个：一是学科门类的专业类别更丰富，更加贴合院校特色，拓展和深化了院校特色发展内涵；二是专业集群程度更高，科技创新攻关能力建设水平更强，适应百姓需要的能力更大；三是夯实了全球化本科专业建设基础，提高了交叉学科专业建设能力。

二、2016年本科院校发展的成就与特色

2016年山西省政府工作报告中明确指出，要“推动高等教育内涵式发展，启动实施山西省高等教育振兴行动计划”。围绕“内涵式”发展，一年来，33所本科院校坚持党的领导，严格按照教育部、省政府和省教育厅工作安排，继续坚持学科专业建设，多举措提升教学质量，提高人才培养水平，大力提升科技创新能力，主动适应转型试点工作，谋求高水平发展和特色发展，在学科专业建设、实验室工作水平提升、协同创新中心运行能力及师资队伍建设方面，有亮点、有特色，有经验，也有教训。

（一）推动了本科院校办学宗旨的回归和转型——人才培养与社会服务

1. 新增山西能源学院和山西警察学院，健全了引领和服务社会经济发展的人才培养领域。

2. 学科建设突出重点，体现社会经济发展需要。

2016年全省本科院校重点学科发展可以总结为三个“增量”、三个“减量”。三个“增量”是指“增加了1个国家重点培育学科，39个省、部级二级重点学科，4个省、部级设置的研究院（所、中心）和实验室”。三个“减量”是指“减少了2个博士学位二级学科授权点，50个硕士学位一级学科授权点、2个二级学科授权点”。（详见表34）

表34 2016年重点学科总量变化一览表

类别		2015年	2016年	变化
博士后科研流动站		48	48	无
博士学位授权点	一级学科	46	46	无
	二级学科	21	19	减少了2个
硕士学位授权点	一级学科	155	105	减少了50个
	二级学科	62	60	减少了2个
二级国家重点学科		5	5	无
国家重点（培育）学科		2	3	增加了1个
省、部级重点学科	一级	19	—	—
	二级	98	137	增加了39个
国家重点实验室		4	4	无
省、部级设置的研究院（所、中心）和实验室		157	161	增加了4个

2016年山西省本科院校建设了137个重点学科。重点学科建设主要集中在19所本科院校中。“老八所”院校承担了115个重点学科建设，其中山西大学30个，含10个省重点学科、16个省重点建设学科、4个省重点扶持学科；太原理工大学26个，含15个省重点学科、10个省重点建设学科、1个省重点扶持学科；山西农业大学12个，含4个省重点学科、5个省重点建设学科、3个省重点扶持学科；山西医科大学10个，含5个省重点学科、4个省重点建设学科、1个省重点扶持学科；山西师范大学9个，含2个省重点学科、4个省重点建设学科、3个省重点扶持学科；山西财经大学11个，含3个省重点学科、6个省重点建设学科、2个省重点扶持学科；中北大学9个，含4个省重点学科、5个省重点建设学科；太原科技大学8个，含2个省重点学科、3个省重点建设学科、3个省重点扶持学科。山西大同大学和另外10所学院分担了22个重点学科建设。（详见表35）

表35　2016年山西省19所高校重点学科建设数量一览表

序号	学校名称	省重点学科（个）	省重点建设学科（个）	省重点扶持学科（个）
1	山西大学	10	16	4
2	太原理工大学	15	10	1
3	山西农业大学	4	5	3
4	山西医科大学	5	4	1
5	山西师范大学	2	4	3
6	山西财经大学	3	6	2
7	中北大学	4	5	0
8	太原科技大学	2	3	3
9	山西大同大学	0	3	2
10	山西中医学院	0	2	0
11	太原师范学院	0	2	4
12	长治医学院	0	1	0
13	运城学院	0	0	1
14	长治学院	0	0	1
15	忻州学院	0	0	2
16	山西传媒学院	0	1	0
17	太原工业学院	0	0	1
18	吕梁学院	0	0	1
19	晋中学院	0	0	1

3. 建立健全本科院校学科建设常态优化机制，全面推进重点学科“优进劣退”，进一步激活学科建设活力。

一是通过第三方对本科院校重点学科建设进行的发展性评估，调整了20个学科的建设层次，撤销了8个重点学科资格。本科院校的44个博士学位授权一级学科和133个硕士学位授权一级学科参加了全国第四轮学科评估，其中，“博士一级”参评率为95.7%，超过全国93.1%的平均水平。

二是启动“优势学科攀升”计划和“服务产业创新学科群建设”计划，进一步优化重点学科结构。

其中，被确定为“优势学科攀升”项目、冲击国内一流学科的有山西大学的物理学、哲学、计算机科学与技术，太原理工大学的化学工程与技术、矿业工程、材料科学与工程，中北大学的兵器科学与技术、仪器科学与技术，山西农业大学的畜牧学以及山西医科大学的生物10个专业。

被选拔为“服务产业创新学科群”的有太原理工大学的能源与电气工程、煤层气产业链、煤机装备产业链，山西大学的煤电污染控制与废弃物资源化利用，山西农业大学的循环富碳作物，山西医科大学的服务制药产业创新，山西师范大学的文化创意产业，中北大学的新材料产业创新，太原科技大学的重型与轨道交通装备、清洁能源与现代交通装备关键材料及基础件，长治学院的上党地区药用植物产业化和山西传媒学院的文化创意与设计12个。

建设具有鲜明特色的学科群，有利于构建地域特色鲜明的学科支撑体系，有利于形成解决共性技术问题的专业创新团队，有利于提高技术竞争力。

三是本科院校依据山西省综改试验区转型发展的人才需求，推进优势专业项目建设，增强人才培养匹配度。

2016年，8所本科院校共立项支持了20个优势专业项目建设，分别为山西大学3个、太原理工大学3个、山西农业大学2个、山西医科大学3个、山西师范大学3个、山西财经大学1个、中北大学3个和太原科技大学2个。

（二）“与时代同呼吸，与民族共命运”，以家国情怀重塑大学生思想政治教育实践

1. 重视思想价值引领在人才培养全过程和全环节中的渗透。

专职辅导员专业化水平持续提升，与大学生思想政治素养同进步能力增强。33所本科院校共有3 637名专职辅导员，9成多辅导员参加了部、省、校组织的培训、比赛和展示活动，他们大部分在马克思主义理论素养、思想政治教育专业知识、党团和班级建设、学业指导、日常事务管理、网络思想政治教育、职业规划、就业指导、心理辅导和危机事件处理等方面有了大的提高。尤其是辅导员与大学生面对面、心连心的常态交流和辅助，提升了主题教育和思想引导的作用和影响。有六成多大学生认为辅导员对他们的关心和指导主要体现在日常事务处理上，是他们可以依赖的同伴。

2. 思想政治理论课在思想政治素养和价值观引领方面的作用和影响增强。

依据12月份在33所本科院校校园随机抽样进行的思想政治理论课吸引力调研，5 193名受访学生中有近八成学生认为当前的思想政治课有内容、有趣味、有用处，有五成多学生认为思想政治课对自己的社会认识、就业选择和职业方向有指导作用，有近四成学生认为对自身的人际交往、解决问题方面有影响。同比上学年，吸引力和引领力明显增强。

3．“知行合一”行动积淀、环境熏陶，多种形式培养大学生思想政治素养。

33所本科院校除在课堂教育教学中渗透思想教育外，还以设立传统文化选修课程、建立校园主题社团、组织志愿者服务活动等方式促进学生广泛参与活动、深入领会活动内涵。太原理工大学、山西工商学院等院校通过校报校刊、校园广播、宣传栏等宣传平台及时传播社会主义价值观和中国梦，通过主题摄影及微电影创作大赛、高雅艺术进校园等活动激发学生发现身边榜样、寻找体现价值的主动性。山西大学开展了系列志愿团活动，建立了“志愿中国”——城市志愿服务生态管理平台的长效体制机制，使志愿服务工作常态化、规范化。山西农业大学推荐的“为母亲河体检”和“丁香讲解志愿队”两个服务项目双双荣获第二届中国青年志愿者项目大赛铜奖。

33所本科院校实践育人创新创业基地建设也已经成为学生常态活动课程。

（三）拓展课程、优化教材、丰富方式，以“改革创新项目”为抓手，全面提升教育教学水平

1. 拓展优质教育资源，培育精品课程，架构课程体系。

“部省校精品课程”建设推动了课程质量提升。2016学年，本科院校继续坚持以国家精品课程为龙头、以省级精品课程为主体、以校级精品课程为支撑，构建国家、省、校三级精品课程体系，涌现出一批高质量、具有示范和引领作用的优质课程，其中，山西大学的《原子物理学》、中北大学的《机床数控技术》和《模拟电子技术》、太原理工大学的《机械制造技术基础》、山西农业大学的《机械制图与计算机绘图》以及长治医学院的《内科学》6门课程入选国家级精品资源共享课，山西大学刘毓庆教授主讲的《五经与中国传统价值观》入选国家级精品视频公开课。

“因材施教、因势利导”，以优质资源平台为基地，建立“适需”公共选修课、通识课新模式。为充分满足学生广泛的兴趣与需求，各本科院校因材施教，积极拓展教学资源，探索公共选修课教学新模式。山西大学新增“高校邦”“智慧树”两家优质网络教育教学平台供学生自主学习，建成了可实现教学网络直播和录播功能的“山西大学课程视频制作中心”。2016学年，校本通识课开课门数达42门，线上选课达15 000人次，比2015学年增加了50%，课程完成率为98.5%。山西传媒学院利用全国高校UOOC联盟平台，引进29门MOOC（Massive Open online Courses大型开放式网络课程，简称慕课），网络课程总门数达到34门，丰富了学生院级公选课的学习内容。

33所本科院校普遍开设了丰富多彩的通识课程，课程内容和实施方式均体现了校本特点，共开设了6 000多门次线上、线下通识教育选修课，选修学生占比超过八成。

2. 建立教材遴选质量保障机制，形成了选用、编写相结合，文本化教材与数字化教材相补充的教材资源供给常态。

33所本科院校建立了“5种教材优先”的教材遴选机制。山西省本科院校文本化教材选择和使用路径有三个特点。

一是优先使用“国家级规划教材、教育部教学指导委员会推荐教材、省部级以上获奖教材、省部级重点建设教材和同行公认的优秀教材”。

二是依据各院校学生需要和课程学科专业发展趋势，鼓励和支持优秀教师编写高质量校本教材。太原理工大学、晋中学院设立教材建设编写专项资金，为教师编写高水平优秀教材提供可持续支持。山西医科大学“基于网络教学的数字化教材建设”项目已经发展成为“中国医学数字教育项目示范基地”。太原师范学院校本教材编写文化已经成为教师专业发展的重要途径，教师们主编了《色彩构成》《〈地理〉义务教育教科书》《产业经济学概论》《中国经济英语教程》《新实用英语读写译教程》第三册和《高等音乐学校钢琴分级教程》（上、下）等专业教材，以及《人文教育教学论》《教师职业道德》《陶行知教育思想》等多部通识教材，均得到学生的欢迎和同仁的认同。

三是主动参与国家规划教材编撰工作，垫高教师专业发展的基础性平台。山西中医学院有120名教师成为全国中医药行业高等教育“十三五”国家级规划教材（中国中医药出版社）主编、副主编、编委，有29名教师入选全国高等院校中医药类专业（本科）全国高等医药教材建设研究会规划教材暨卫生部“十三五”规划教材（人民卫生出版社）副主编、编委。

3. 以教学改革创新项目为依托，以“学生需求”为宗旨，丰富教学模式，延伸教学内涵，提升学生自主积极性，推进教学改革。

各本科院校主动对接教育部“本科教学质量与教学改革工程”，共推进了24个重点项目、128个一般项目，以此为基本平台设专项经费开展教学研究，全部通过了省教育厅组织的2016年度省级质量水平提升工程中教学改革项目的评审。

山西医科大学引进和采用目前国际上流行的基于问题的学习（Problem-Based Learning，简称PBL）教学法，以达到提高学生创造力和人际交往与协作能力的目的，促使学生逐步树立终身学习的观念。

忻州师范学院将2016学年命名为“课堂教学改革年”，积极探索以学生自主学习、师生有效互动为主要特征的课堂教学模式，确立“问题导向，能力为重”的课堂教学改革宗旨，构建以研究性教学、案例教学为主的多种课堂教学模式，全面实施启发式、参与式、探究式、讨论式等教学方法，学生学习面貌焕然一新。

跟进教学改革项目推进。各本科院校积极从规章制度、教学管理文件、岗位职责、待遇地位、培训考核5个方面进行配套管理实践，以确实提高行政服务水平，保障教学改革项目落地。

（四）建立了多平台并举的实践教学机制，产学研相结合的培养培育常态已经形成

一是各本科院校不断加大实验教学投入力度。通过加强实验室建设、改善实验实训教学条件、规范实验教学运行机制等方法来达到提高实验教学质量的目的。各本科院校还充分利用社会资源，广泛深入推进产学研结合的教学方法，根据办学定位和专业特点创建形式多样的校外实践教学基地。

山西大学、太原理工大学、山西医科大学、太原科技大学以及山西工程技术学院分别成为数据中国“百校工程”产教融合创新项目试点院校和培育院校。运城学院与15家学术机构、49家行业机构和企业、10家地方政府签署合作协议76份，积极与当地创新要素资源、行业企业人才培养和技术创新需求以及经济开发区、产业聚集区创新发展相对接。

太原科技大学依托企业和社会资源，探索教师“走出去”和工程师“进课堂”实践教学机制，鼓励学生根据自身就业协议及未来工作特点，到企业进行相关毕业设计，并实行学校和企业二级导师制度。为保障实践教学质量，各本科院校制定了相关规定，对实践教学工作进行跟进性监督与巡查。

二是多措并举推动大学生创新创业能力的提升。积极参与国家和省部级大学生创新创业能力竞赛活动，成果突查。据不完全统计，2016学年山西省本科院校在大学生创新创业大赛、数学建模竞赛、计算机大赛等竞赛中共获得1 394个奖项，其中国家级奖项186个、省级奖项1 208个，包括37项国家级一等奖、39项国家级二等奖、29项国家级三等奖。

在创新创业大赛中，“老八所”院校的获奖数量明显居多且名次靠前。本学年“老八所”院校共获国家级一等奖13项，山西财经大学获“学创杯”全国大学生创业综合模拟大赛总决赛一等奖1项，第八届全国高等院校BIM（Building Information Modeling的简称，中文是：建筑信息化模型）算量大赛挑战赛国家一等奖1项、国家二等奖2项，第九届中国大学生计算机设计大赛国家一等奖1项。

在2016年国家举办的“第二届中国‘互联网+’大学生创新创业大赛”活动中，全省有7所本科院校获得13个奖项，其中，获得二等奖的有1项，是太原理工大学的“全国首创粮易模式农村电子商务项目”。获得三等奖的有12项，包括山西大学的2项，中北大学的3项，太原理工大学的2项，山西农业大学、山西师范大学、太原理工大学现代科技学院、山西农业大学信息学院与中北大学信息商务学院各1项。（详见表36）

除国家级奖项之外，各本科院校获得的省级奖项共374项，其中一等奖75项、二等奖116项、三等奖183项。

表36　第二届中国“互联网+”大学生创新创业大赛获奖项目名单

序号	参赛项目	学校	负责人	参赛队员	指导教师	奖项
1	全国首创粮易模式农村电子商务项目	太原理工大学	赵鹏飞	王毅然、郝明锴、曹萍、王璐瑶	刘燕萍	二等奖
2	基于Unity3D的交互漫游系统	山西大学	郭文花	刘宏宇、段跃锋、王尧	王文剑	三等奖
3	安防助手U-safe	山西大学	刘建敏	刘鹏睿、夏晓雅、谷思雨、王鑫鑫、杜响成	高嘉伟	三等奖

（续表）

序号	参赛项目	学校	负责人	参赛队员	指导教师	奖项
4	“派派帮”校园互助取件平台	中北大学	赵舜	苗荣、李珊、韩小婷、原媛媛、高婧	牛慧卿	三等奖
5	SAFE安全锁危化品监控系统	中北大学	祇会强	李祖博、张志伟、高超、霍新明、王宇、刘小龙、赵敏、穆蔚然、杨冀豫、王卉赟、李珍姬、李杭芬、孙美娜、殷帅	靳鸿、裴东兴、陈昌鑫	三等奖
6	脱单APP	中北大学	张慧	朱文泽、熊思煜、陈思宇、薛雪如、冯雷	刘俊生	三等奖
7	骥跃网	太原理工大学	李兆星	丁萌、刘雨佳、黎玥、王蒙昭	温芝龙	三等奖
8	兑勾商盟	太原理工大学	杨宇鹏	侯宇飞、李高君、徐世伟、车树明	李楠楠、张国杰	三等奖
9	天行创意科技有限公司	山西农业大学	张臻	陈雪莹、邹琴英、郭芳蕊	辛艳伟	三等奖
10	“老司机”学车APP	山西师范大学	曹瑞	白晓峰、宋邓萌、董婉清、阴宇航	李志河、李小斌	三等奖
11	初声Voice工作室	太原理工大学现代科技学院	高杨	孙梦婷、张玥宁	武张静、吕瑞妮	三等奖
12	掌上农大	山西农业大学信息学院	刘月飞	张校严、邢世瑶、于永昊、张昭、岳吉瑞、乔宇、刘鹏、冯卓霖、杨锦豪、盛伟同	贺强、石俊斌	三等奖
13	LARONDA设计平台	中北大学信息商务学院	连宇新	李亚峰、宁晓曼、高一隆	周敏星	三等奖

山西大学、太原理工大学和山西农业大学立项实施了572项（其中重点项目132项、一般项目440项）大学生创新创业训练计划项目，成为全国首批深化创新创业教育改革示范高校。

三是借助创新基地建设，促进了理论知识向实践转化。有代表性的有：山西农业大学实施“创业意识培育工程”“创业能力提升工程”和“创业条件帮扶工程”三大工程，助推大学生创业教育。山西师范大学完善创新创业教育课程体系，建立创新创业学分积累与转换制度，加强大学生创新创业团队及创新创业基地建设，促进理论知识向实践能力转化。

（五）启动研究生教育创新计划，提高研究生教育水平和质量

一是继续进行优秀论文评选和抽检活动。2016学年共评出24篇优秀博士论文和43篇优秀硕士论文；抽检出“存在问题”的学位论文44篇，并对写这些论文的学生进行了严肃处理，惩防并举，切实推进了高校学风和学术道德建设。

二是继续创新研究生培养平台，建立了13个省级研究生联合培养基地，如充分利用住院医师规范化培训机制建立医教协同培养临床医学专业学位硕士研究生。目前共有195个研究生教育创新项目，2016学年开办了第二期暑期研究生学校，开办了“大数据与统计科学”“重型装备”“化学与材料领域的现代分析测试技术”和“生物化学与分子生物学”4期研究生学校，拓展了研究生学术视野，培育了研究生创新能力。

（六）8所本科院校成为应用型高校试点，为33所本科院校办学方向的转型作出了榜样，开启了先行先试的阶段

6所先行先试的院校应用型转型效果已显。2016年6月山西省教育厅发布《关于确定本科高校向应用型转变试点的通知》（晋教高〔2016〕8号），确定了太原工业学院、山西传媒学院、山西工程技术学院、山西能源学院、山西应用科技学院、山西大学商务学院6所高校为山西省本科院校向应用型转变试点院校，山西大同大学、吕梁学院为山西省本科院校向应用型转变试点候补院校。这8所院校中有4所为新进本科院校，2所为民办院校，2所为市地综合院校。2016学年基本完成了学校定位、转型路径、目标任务、建设项目、工作进度、改革举措、保障政策、预期成效、考核要求等制度层面的设计和落实，其中6所院校已经依据地方经济产业链、创新链完成了人才培养规格内涵的定位，有3所已经对学科专业课程进行了调整，可以说，应用型转型基本落地。从当下看，多元培养课程架构、多方平台、协同共建的特点很显著。

蝴蝶效应明显，本科院校主动适应经济社会发展趋势已经形成。

33所本科院校依据国家创新驱动发展战略和山西省区域社会经济发展需求，在人才培养模式、学科专业建设、管理模式和校园文化建设等方面充分体现了各院校的专业性、特色化。

山西大学的“初民试验班”跨学科培养效果显著，经济管理学院探索大类招生培养模式，物理电子工程学院“优才计划”贯通本硕博培养，人才培养模式改革取得新的突破。

山西医科大学坚持“五全”（全人、全面、全时、全程、全方位）健康教育教学人文体系的新理念，组建“兆泰班”，实施“卓越医生教育培养计划”，探索医学人文教育培养模式的创新改革。

山西农业大学的农林人才培养、复合应用型人才培养、本硕统筹、创业能力提升、创业先锋班等模式，推动了多类型、多模式的人才培养体系建立，满足了学生个性化发展需要。

山西大同大学以“一院一品”教育教学综合改革项目为载体，优化人才培养模式，目的是提升学生综合能力，推动教育教学内涵发展。

太原师范学院秉承陶行知的教育思想，开展“学陶师陶”活动，以“行知精神”引领学院发展。

山西中医学院采取“2+2+1”人才培养模式，实施名师名医双导师制，临床课程运行“小组轮转式”教学模式，开设经典回归临床课程，以跟师感悟、探究学习、临床再实践的循环式教学方法培养学生自我学习的能力，强化学生的中医思维，提高学生的中医感悟能力和临证实践能力。

吕梁学院积极推进以“四大板块、八个项目”为主要内容的环境育人系列活动，突出强化实践教学、劳动教育、自主选学、多元考核等育人环节，着力为全体学生搭建宽阔的“成长、成才、成人”平台，形成了较为鲜明的教育教学特色。

山西工商学院坚持“一个原则”“二化管理”“三育一体” 和“四为理念”的“通才教育”教学模式，培养学生的创新意识和综合就业能力。

山西农业大学信息学院坚持“完满教育”的指导思想，全面服务学生“成人、成才、成功”，构建了“通识教育+完满教育+专业教育”三位一体的特色人才培养模式。

（七）本科院校科研项目承担量大，大学科技园区科研人才孵化机制形成

2016年全省高校科研经费总计14亿元，承担课题共10 660项，其中，承担国家社科基金55项，占全省项目总数的93%；承担国家自然科学基金项目293项，包括国家优秀青年基金项目2项、重点基金项目2项。山西大学岳谦厚主持的《太行山和吕梁山抗战文献整理与研究》被选为2016年度教育部哲学社会科学研究重大课题攻关项目。

33所本科院校共产出科研成果18 148项，获奖250项，获奖比例为1.4%。其中，获2016年教育部第七届高等学校科学研究优秀成果奖三等奖6项，获2016年度高校科学研究优秀成果奖（科学技术）43项，其中自然科学类28项（一等奖12项、二等奖16项）、技术发明类4项（均是二等奖）、科学技术进步类11项（一等奖4项、二等奖7项）。（详见表37）

表37　2016年高校科研项目研发状况

分类	研究机构（个）	科研经费（亿元）		课题（个）	科研成果（项）			科研成果奖（省部级）（个）
			研发		著作（部）	论文（篇）	电子出版物	
人文社科	43	1.75	0.549	4 694	365	4 688	68	190
理工农医类	101	12.48	研发 9.83	5 966	70	12 957	—	60
合计	144	14.23	10.379	10 660	435	17 645	68	250
					18 148			

1. 科技成果类型丰富，学术与应用交叉融合研究已成基本路径。

2016年山西省的27所本科院校中共有43个人文社科类研究机构，其中包括1个教育部重点研究基地、19个省级重点研究基地、1个省级智库，总投入科研经费1.75亿元，占到总科研经费的12.3%；承担课题4 694个，占到课题总数的44%；国外发表论文39篇，占到当年论文发表总数（1915篇）的2%；被采纳的研究咨询报告28篇，占到报告总数（70篇）的40%；申请专利数38件，被授权34件。

2016年我省共有理工农医类研究机构101所，承担课题5 966项，投入科研经费12.48亿元，占到总科研经费的87.7%。科技成果获得奖励60项，其中省部级一等奖5项、二等奖33项；签订了技术转让合同223个；申请了知识产权1 815项，其中被授权的1 272项，占比70%；申请国外知识产权12个，被授权的仅有1个，占比8.3%；共拥有专利数3 739个，其中国外8个，占比0.2%；在国外学术刊物发表论文3 728篇，占总发表数（12 957篇）的28.8%；境外出版物2部，占出版物总数（70部）的2.9%；有26项科技成果达到国际水平，5项为国内首创，12项国内先进。

2. 基本建立了促进本科院校科技成果转化、提升科技创新能力和社会服务能力的体制机制。

一是搭建科技成果转化的平台和渠道，为本科院校科技人员创新创业提供基地，并发挥基地的辐射作用，为科研质量和价值的提升提供有效平台。2016年山西省政府依据教育部、科技部联合出台的《关于加强高等学校科技成果转移转化工作的若干意见》制订了山西省的若干意见，各本科院校以此制订了具体实施细则。

二是大学科技园的人才孵化机制形成。2016年山西省政府制订了《关于促进大学科技园建设和发展的若干意见》，鼓励高校师生到大学科技园创新创业，主动参与到大学科技园联盟建设中，促进多出科技成果、出好成果，以此推动大学科技园成为全省经济社会发展和行业技术进步的创新高地、提升高校科技创新能力和服务社会能力的实践基地、引领山西省经济结构调整和转型升级发展的人才锤炼园地。

（八）新增评选“青年三晋学者”计划，高层次人才、创新人才及团队培育培养机制进入常态

1. 首次提出要在全省本科院校中评选“青年三晋学者”特聘教授计划，凸显了对建设青年学术人才队伍的重视。

继“杰出三晋学者”“三晋学者”评选计划之后，2016年省委省政府又提出了评选“青年三晋学者”特聘教授（专家）计划，这样《山西省“三晋学者”特聘教授（专家）支持计划实施办法》就更丰满了。

2016学年，特聘“三晋学者”41名均产生自本科院校里。“三晋学者”特聘教授1人，为中北大学的薛晨阳教授;“青年三晋学者”特聘教授36人，包括山西大学陈刚教授等13人、太原理工大学9人、中北大学5人、山西农业大学4人、太原科技大学与山西医科大学各2人、山西师范大学1人。

2. 继续实施高等学校“131”领军人才工程。

根据《山西省高等学校“131”领军人才工程实施办法》（晋教人〔2013〕35号）有关要求，2016年继续实施高等学校“131”领军人才工程。经组织专家评审，高等学校评出第三批“131”领军人才132名，其中院士5名，知名学者、学术技术带头人63名，中青年优秀拔尖创新人才64名。

3. 再一次凸显了“拔尖创新人才及其创新团队”的引领作用，也突出了本科院校“社会服务专业引领”作用。

2016学年，有来自15所本科院校的3个团队32名教授分别入选优秀创新团队、中青年拔尖创新人才和优秀青年学术带头人。这些人才和团队创新亮点领域均在环境和机械等国家重器、山西企业、社会发展需要领域。

3个优秀创新团队分别是山西大学程芳琴团队，太原理工大学权龙团队、李瑞丰团队。

中青年拔尖创新人才是来自山西大学、太原理工大学、山西中医学院、山西财经大学和中北大学的12名教授。

优秀青年学术带头人是来自山西大学等8所本科院校的30名教授。

2016学年，本科院校的7个研究生教育优秀导师团队、52项研究生教育改革课题、37项研究生联合培养基地人才培养项目、195项研究生教育创新项目和33项一般性重点学科建设项目获得审批。

三、短板与问题、挑战和思考

2016学年33所本科院校稳中有进，在数量规模、学科专业结构优化、人才培养、学生创新创业教育以及高层次教师队伍建设等方面都取得了预想的成就。

从国家高等教育发展战略出发，从山西省社会经济文化发展需要出发，从老百姓对人才的培养期待出发，仍然有一些不尽如人意的地方，需要不断改进和完善。

（一）山西省本科院校吸引的是“哪些人才的眼球”?

一是招生规模增量主要在新建本科院校、民办本科院校；二是专业多集中于体育、艺术、管理类学科；三是省内生源约为75%，外省生源约为25%，31个省市中，外省学生主要来源于河北、河南、山东、陕西和安徽。

建议33所本科院校摸清家底，综合权衡自身办学实力，从生源需求出发夯实基础性的本科教育教学质量，提高自身生源吸引力，垫高生源质量基础。

（二）人才培养标准和规格定位不明：应用型、技术型、技能型人才培养？高端学术型、专业型人才培养？

33所本科院校，除了已经明确的8所应用型转型试点院校外，其他25所院校的人才培养定位到底是怎样的呢？根据各本科院校在校网上撰写的学校办学宗旨等描述来看，文理工并重的综合性大学占多数。

只有明确了人才培养目标定位，才能避免课程设置、学科专业建设趋同严重的问题。33所本科院校共有12个学科门类271个专业类别1 239个设置量，其中18种专业类别在10多所院校中均有设置，“计算机科学与技术”设置量最高，在26所本科院校中均有设置，“英语”专业在24所本科院校中均有设置，“视觉传达设计”专业在19所本科院校中均有设置，艺术学类专业共有155个设置量，25所本科院校均有设置。

只有明确人才培养目标，特色和品牌才能鲜明，才会更有利于师资队伍的建设，培养人才才能更加有的放矢。

（三）对接前沿科学发展、对接全球化课程、对接国际项目的体制机制还需要进一步完善。

一是教材没有充分、及时吸纳最新的前沿性科学成果，讲义类文本不多，出版类文本多。二是2016学年海外学习一年以上教师仅占到总数的6.2%，因此一些先进的、基于学生学习需要的小班化、讨论式、项目型、问题解决式等教学模式还没有成为课程常态。三是2016学年本科院校共有422名海外留学生，包括亚洲281人、非洲109人、欧美32人，其中277人为国家资助。数量少不成规模，来源单一，不利于多元文化形成。四是海外联合攻关项目或国际影响力项目缺乏，联动效应不强。五是没有建立与世界品牌大学影响力极大的专题工作坊相类似的活动机制，既缺失了国际影响力的扩大机会，又失掉了采集全球基础性案例资源的平台，更重要的是办学视野扩展不够，放眼世界不够，着眼未来不足。

第二章　分报告

本章纲目

山西省2015—2016学年本科教学质量报告

山西省教育厅高教处

2015—2016学年，山西省各本科院校认真贯彻落实国家、省关于高等教育改革发展的各项决策部署，紧密结合全省经济社会发展实际，坚持走内涵式发展道路，不断拓宽发展外延，全面深化教育教学综合改革，教育教学质量得到进一步提升。在认真分析全省33所本科院校编制的2015—2016学年本科教学质量报告的基础上，现分四部分就山西省普通高校2015—2016学年本科教学质量情况进行分析。

一、山西省本科教育基本情况

（一）本科院校的数量及分布状况

山西省现有普通本科院校33所（含独立学院8所）。33所本科院校分布在9个省属市（共11个省属市，朔州市和晋城市分别设有中北大学与太原科技大学校区）。其中太原市21所，占本科院校总数的63.6%；晋中市3所，占本科院校总数的9.1%；临汾市、长治市各2所，各占本科院校总数的6.1%；大同市、运城市、忻州市、阳泉市、吕梁市各1所，各占本科院校总数的3%。

（二）本科院校的类型

33所本科院校中，综合类10所，理工类8所，农业类1所，医药类4所，师范类4所，财经类5所，政法类1所。大学9所，占本科院校总数的27.3%；学院24所，占本科院校总数的72.7%。“211工程”院校1所，即太原理工大学。山西省与教育部共建高校1所，即山西大学，“中西部高校提升综合实力”高校1所，也是山西大学。“中西部高校基础能力建设工程”建设高校4所，分别是山西大学、山西师范大学、山西财经大学和中北大学。省政府举办的本科院校22所，占本科院校总数的66.7%；市政府举办的本科院校1所，占本科院校总数的3%；民办本科院校10所，占本科院校总数的30.3%。

（三）本科院校的规模

本科院校共有在校生551 110人，较2015年增加了25 444人，其中本科生474 271人，占本科院校在校生总数的86.1%。在校生人数30 000人以上的院校3所（太原理工大学36 878人，中北大学37 720人，山西大同大学30 596人），占本科院校总数的19.1%；在20 000—30 000人之间的院校9所，占本科院校总数的38.7%；在15 000—20 000人之间的院校5所，占本科院校总数的15.4%；在10 000—15 000人之间的院校7所，占本科院校总数的16.2%；10 000人以下的院校9所，占本科院校总数的10.7%。我省本科院校面向全国31个省、自治区、直辖市进行招生。

（四）师资队伍情况

我省始终秉承“人才是第一资源”的理念，着力加强师资队伍建设。师资总量明显增加，结构进一步优化。本科院校共有教职工42 735人，其中专任教师29 175人，占教职工总数的68.3%，较2015年的28 149人增加了1026人。专任教师中有公共课教师8 172人，占专任教师总数的28%。有校外聘任教师3 732人。

职称结构。专任教师中有正高级职称的教师2 627人，比2015年的2 587

人增加40人，占专任教师总数的9%；有副高级职称的人数7 962人，比2015年的7 548人增加了414人，占专任教师总数的27.3%。

学历结构。专任教师中具有博士学位的人数5 457人，比2015年的5 017人增加了440人，占专任教师总数的18.7%；具有硕士学位的人数15 646人，较2015年的14 943人增加了703人，占专任教师总数的53.6%；具有本科学历的人数10 507人，较2015年的10 376人增加了131人，占专任教师总数的36%。

年龄结构。专任教师中35岁以下的人数9 397人，占专任教师总数的32.2%；35—44岁的人数11 502人，占专任教师总数的39.4%；45—54岁的人数6 720人，占专任教师总数的23%；55—59岁的人数1 301人，占专任教师总数的4.5%；60岁及以上人数255人，占专任教师总数的0.9%。中青年教师是教师队伍的主体，是学校教学、科研的主要力量。

二、积极推进教学建设与改革

（一）牢固树立人才培养中心地位

人才培养是高等学校的根本任务，教学是学校的中心工作，提高人才培养质量是高校发展的生命线。在本科教育规模基本稳定的情况下，各高校主动适应高等教育转型发展的新要求，积极转变发展理念，调整发展思路，切实把学校的发展重心转移到以提高质量为核心的内涵发展上来。各高校明确把提高人才培养质量作为学校工作的第一要务，主动适应山西“六大发展”和综改试验区建设对各类高素质人才的需求，结合各自的办学层次、学科特点、行业背景和办学传统，进一步完善本科人才培养目标。在统筹教学、科研、社会服务、文化传承的各项工作中，强化本科教学的优先地位，把教学工作作为重中之重，落实到工作计划、工作部署和各项具体的工作安排上，通过建立和完善一系列教学工作制度，把提高人才培养质量落实为全校师生员工的共同责任，扎实推进全员育人、全程育人、全方位育人良好氛围的全面形成。

（二）不断加快基本办学条件建设

33所本科院校共占地2 624.8万平方米。教学科研及辅助用房面积688.8万平方米，其中教室面积312.6万平方米，图书馆面积78.3万平方米，实验室、实习场所237.8万平方米，体育馆31.1万平方米。现有教学科研仪器设备值626 108.2万元（当年新增87 732.1万元），生均1.1万元。教学用计算机数量132 397台。一般图书4 340.3万册，生均图书79册。现有的基本办学条件较好地满足了当前本科教学的需要。

各高校不仅普遍重视数字资源的建设，大量订购相关专业数据库，更注重提升数字资源的利用率与性价比，逐步扩大数字资源的影响力。各高校通过大力推进数字资源的共建共享，建立起纸质资源、电子资源、馆际互传三位一体的资源查询体系，增进了各高校之间的交流，拓宽了师生获取教学资源的渠道。此外，各高校积极开展数字化校园建设项目，相关系列网站得到维护和重建，各类数据平台得以完善优化，教学工作信息化程度稳步提升。

（三）着力提升教育教学质量

1. 大力加强专业建设。

专业建设主动适应经济社会发展需要，紧紧围绕我省转型发展和构建现代产业体系实际需要。各高校加大学科专业布局和科类结构调整力度，提高人才培养的适应性和针对性，基本形成了适应我省经济社会发展需要的学科专业体系。2015—2016学年全省共有专业点1 239个，按专业门类分，其中哲学1个，占0.08%；经济学57个，占4.6%；法学43个，占3.47%；教育学64个，占5.17%；文学88个，占7.1%；历史学16个，占1.29%；理学155个，占12.51%；工学399个，占32.21%；农学28个，占2.26%；医学59个，占4.76%；管理学174个，占14.04%；艺术学155个，占12.51%。按大文大理分，人文社科类专业点598个，占全省专业点总数的48.26%；理工农医类专业点641个，占全省专业点总数的51.74%。

在专业数量增长和专业结构优化的过程中，各高校始终坚持以适应地方及全国经济社会发展需要为目标，优先发展社会发展需要的高新技术类专业，同时注重加快对传统专业的改造升级，保留了有一定社会需要的特色专业，停办或撤销了部分不适应社会需求的专业。2015—2016学年积极争取教育部支持，获批新增54个本科专业。围绕省综改试验区建设对相关专业人才的需求，支持太原理工大学、中北大学、太原科技大学设置3个新能源汽车专业方向，山西工程技术学院设置1个煤层气专业方向，山西农业大学设置1个服务外包专业方向。

2. 不断完善课程体系建设。

我省以国家精品课程为龙头，以省级精品课程为主体，以校级精品课程为支撑的国家、省、校三级精品课程体系得到进一步完善与发展，一批质量一流、受益者众、辐射面广、具有示范和引领作用的优质课程脱颖而出。各院校高度重视课程建设，进一步优化课程体系，更新教学内容，大力推进“以学生为中心”的课堂教学改革，充分满足学生广泛的兴趣与需求，因材施教。同时，各院校根据人才培养方案的变化，重新修订课程教学大纲，并将各校的教师教育特色、地方文化特色、基础研究特色、服务区域发展特色融入教学中，落实到学生培养上。报告期内，山西大学新增了“高校邦”“智慧树”两家优质网络教育教学平台供学生自主学习，校本通识课开课门数为42门，线上选课达15 000人次，比2015年新增50%，课程完成率为98.5%，可实现教学网络直播和录播功能的“山西大学课程视频制作中心”已投入建成，为优质课程资源的大规模使用和扩展传播创造了有利条件。山西财经大学推进在线开放课程建设，促进了61门网络课建设如期完成，为丰富我校公共选修课程资源，拓宽学生视野，该校在选用“超星尔雅通识课”基础上还组织选修“优课联盟”“学堂在线”“好大学在线”多个教学平台课程，探索引进大规模在线开放课程（MOOC）22门，充实到“人文与国学”“社会科学”“信息与自然科学”和

"创业教育"四个模块中，该校首门MOOC《微积分Ⅰ》在全国地方高校优课联盟（UOOC）上线。山西传媒学院积极探索公共选修课改革新路径，除传统的计划内面授课程外，利用全国高校优课联盟平台，引进29门MOOC，网络课程总门数达到34门，丰富了学生院级公选课的学习内容。

3. 认真做好教材建设。

教材是教学的关键，教材的质量直接体现高等教育和科学研究的发展水平，国家级规划教材推荐和遴选工作是教材建设工作的一项重要任务。各高校认真扎实做好规范教材的使用和管理工作，加大对高水平教师教材编写的支持力度，鼓励优秀教材编写工作。各高校还在主要使用规划教材、获奖教材的基础上，结合学校办学定位，专门设立教材建设编写专项资金，鼓励校本教材的编写工作。太原科技大学教师主编、参编各类正式出版的教材7部。山西师范大学教师主编出版了教师教育系列等6部教材，立项校级教材建设项目3项。太原师范学院教师主编《色彩构成》《〈地理〉义务教育教科书》《产业经济学概论》《中国经济英语教程》《新实用英语读写译教程》第三册和《高等音乐学校钢琴分级教程》（上、下）6本专业教材，使用《人文教育教学论》《教师职业道德》《陶行知教育思想》等多部自编教材。山西中医学院有120名教师入选全国中医药行业高等教育"十三五"国家级规划教材（中国中医药出版社）主编、副主编、编委；有29名教师入选全国高等院校中医药类专业（本科）全国高等医药教材建设研究会规划教材暨卫生部"十三五"规划教材（人民卫生出版社）副主编、编委。

4. 积极推进教学改革。

一是高度重视教学管理模式的改革。多数高校能够主动适应应用型、复合型人才培养目标的具体要求，及时修订和完善各种教学管理文件，科学规范各级各类人员的岗位职责，强化管理人员的责任意识和服务意识，加强教学管理队伍建设，制定相关政策，采取有效措施，提高教学管理人员的地位和待遇，稳定教学管理队伍。同时，注意加强对管理人员的培训工作，完善相关考核评价与激励机制，切实提高管理人员的服务意识和业务水平。积极推进信息化校园建设，充分发挥现代信息技术在教学管理和教学质量监控中的作用。

二是广泛实施教学改革项目。根据《山西省高等学校教学改革项目实施办法》，各高校继续加强本科教学工程项目建设，设立了专项经费资助开展校级教学研究项目工作，完成了2015、2016年省级质量水平提升工程中教学改革项目的评审工作。各高校就2015年本科教学工作召开相关会议，努力推动本科教学质量的提高与本科教学改革的深入，部分院校引入通识教育平台，以学生兴趣为中心，引导学生主动学习、主动思考、主动实践，提高了本科教学水平，转变了学生的学习方式，保障了课堂教学质量，对教学改革产生了积极的探索作用。山西财经大学在普通全日制本科生中实施学生自主选择课程、学习进程、授课教师的学分制管理制度，充分激发和调动了教师教与学生学的主动性、积极性，促使教师不断改善教学行为，提高教学水平。山西中医学院针对当前中医药领域存在的中医人文底蕴缺失、辨证论治思维弱化、临床诊疗能力下降等问题，大力开展“坚持一个中心、统筹四个步骤”的教学改革活动，探索形成中医药人才培养新模式。山西应用科技学院组织开展了“创新、创造、创业”的“三创”教育，培养具有“三创”意识和能力的学生。

三是不断推进产学研结合教育。学校主动征求地方、行业、企事业单位的意见，修订人才培养方案。积极开展校校合作、校企合作项目，共建专业实习实训基地。积极与地方、行业部门合作开展实践活动，强化学生实践应用能力的培养。2015年，长治学院美术系与山西优逸客科技有限公司深入开展产学研校企合作取得良好效果。（2012级有33名学生自愿参与山西优逸客科技有限公司UI设计实训，通过5个多月的集训，33名学生全部通过实训考核。）

5. 不断提高毕业设计（论文）水平。

各院校结合学校专业特点，出台相应的毕业设计（论文）工作规定，对本科生的毕业设计（论文）工作严格把关，强调毕业设计（论文）的过程管理，注重毕业设计（论文）的质量。多数高校开始应用“中国知网”查重系统对本科生毕业设计（论文）进行检测，有效避免了学术不端现象的发生，保证了毕业设计（论文）的质量。此外，各校也开展了多项针对毕业设计（论文）各环节工作的评估检查工作，充分保障了学生本科毕业设计（论文）水平的提升。太原理工大学制订了《太原理工大学毕业设计（论文）工作的通用管理办法》，组织各学院出台补充管理办法，以达到强调过程管理、注重质量的效果。山西大同大学毕业论文（设计）进行完成方式改革，不同科类学生合理采用相应的完成方法，增加了专业的适切性，提升了学生的专业水准和创作能力，受到学生的欢迎和认可。太原工业学院要求学生毕业设计（论文）指导教师由具有中级职称以上的教师和部分企事业单位具有工程师以上职称的工程技术人员担任，同时对毕业设计（论文）的全过程进行规范管理和质量监控，确保毕业设计（论文）质量。

6. 实践教学稳步推进。

各高校认真贯彻落实教育部等部门《关于进一步加强高校实践育人工作的若干意见》和山西省《关于加强高等学校实践教学工作的几点意见》，加大对实验教学的投入力度，加强内涵建设，充分利用社会资源，广泛深入推进产学研结合，创建稳定高质量的校外实践基地。同时，各高校还依据相关规定，对实践教学工作进行监督与检查，提高了我省本科实践教学质量，保障实践教学顺利进行。

中北大学2015年成功申报国家级实验教学示范中心1个，落实了基础（示范）实验教学中心及虚拟仿真中心第二期500万元、学科基础实验平台及急需专业实验室750万元的建设任务，对建设任务执行情况进行了效益评估，结合建设的效果和专业实验室的需要，启动了基础（示范）中心及虚拟仿真中心三期和专业实验室共计1 200万元的建设任务，选送5个项目参加第四届全国自制实验教学仪器设备评选活动，最终取得了一等奖1项、三等奖2项的好成绩。山西医科大学组织举办了山西医科大学教学基地教学能力提升培训班，该校18所非直属附属医院与5所社区卫生服务中心的50余名临床教师和管理人员参加了培训。

7. 大力支持大学生创新创业实践。

立足于提高大学生的创新能力、实践能力，各高校着力加强大学生动手能力培养，对有创业意愿的学生开展创业意识培训，大力资助相关创业项目，这些举措的实施推动了我省高校大学生创新创业活动进一步开展。

（四）建立健全教学质量监控和保障体系

2015—2016学年，全省高校强化“对学生负责、对公众负责、对社会负责，接受公众监督”的质量意识，完善教学质量评估长效机制，加强过程监控，主动接受外部评估、认证，同时结合自身实际，建立健全教学工作自我评估制度，积极开展内部院系评估，进一步提升教学质量，更好地适应全省经济社会发展的要求。

1. 加强制度规范。

各高校普遍建立健全了校内质量监督制度：一是督导及领导听课制度。建立了稳定的督导队伍，形成了有效的工作机制，对人才培养全过程进行全方位、全过程、多渠道、立体式监督。二是学生信息员制度。各校组织了学生信息员队伍，学生可以随时向校领导和教学管理职能部门反馈教学动态信息。三是学生评教制度。各高校每学期均组织学生对任课教师进行网上评教，将评教结果作为教师职称评聘、考核定级、院系评估的重要指标。山西医科大学建立学生教学督察信息员队伍，在监督教学状态，沟通学校与学生、学生与教师、学生与教学管理和服务方面发挥了积极的作用。长治医学院坚持“三段式”教学检查制度，认真落实“四听课”制度以及学生、教师、教学管理干部（专家）“三评课”制度，切实加强教学质量监控。吕梁学院建立教学信息通报制度，每月出版一期《教学信息》，将教学动态和监管结果进行通报和反馈。

2. 实施院系教学工作评估办法。

为进一步规范教学管理、促进教学改革、提高教学质量，充分发挥学院（系）在教学工作中的主体作用，部分高校建立了院系教学工作评估制度，定期开展各具特色的院系教学工作评估。院系教学工作评估遵循“以评促建、以评促改、以评促管、评建结合、重在建设”的评估指导方针，旨在全面了解各院系本科教学工作的现实状况，有针对性地全面进行整改建设，推动院系逐步形成自我约束、自我完善、自我发展的机制，自觉规范办学行为，不断提高教育教学质量。院系教学工作评估在发挥院系在本科教学中的主体作用方面及对规范教学管理、促进教学改革、提高教学质量、进一步确立教学中心地位起到了较好的促进作用和引导作用。

3. 对突出核心环节进行重点监控。

各高校均突出了人才培养过程中核心环节的质量监控，包括人才培养方案、课堂教学、课程考核、毕业综合训练等。具体而言，对人才培养方案从方案制订、方案评价、方案执行三个环节把好关；对课堂教学以专家的角度、学生的角度、管理者的角度，构建了专家评课、学生评教、教学巡查、信息员监察、课程调研等立体的课堂教学监控体系；对课程考核普遍实施两查：考试过程巡查、考试试卷检查；对毕业综合训练从选题、开题、中期检查、结题与答辩到毕业设计（论文）质量与管理工作进行全面检查。

4. 重视教风学风建设。

一些高校将教学评估工作落实到教师的日常教学之中，如经常开展学风整顿活动，对教学工作进行检查指导，对教学环节进行有效的质量监控，进一步规范教学管理，以促进教学改革、提高教学质量。在学风建设方面形成了“以学生行为养成为抓手，把学风建设与班风、舍风建设结合起来，以学生社团（自律会）为载体”的系统化学风建设工作格局。中北大学通过学生“学风监督岗”与教师“约谈”机制相结合，努力营造良好教风学风氛围。

（五）学生学习效果较好

各高校始终坚持“以学生为中心”的理念，立足于为学生办实事，在对学生学习指导与服务的方式方法方面进行了有效的探索与创新。各高校高度重视毕业生就业工作，坚持精细化推进毕业生就业工作“一把手”工程建设，构建完善的毕业生就业管理和服务体系；坚持开展就业指导讲座与日常帮扶指导相结合的就业指导工作，设立就业指导专项经费，采取多种形式加强就业教育；不断加强与社会用人单位之间的联系，经常举办小型的专场招聘会，为毕业生就业搭建平台。为使对学生的服务工作更加具有针对性，各高校积极开展毕业生及在校学生对学校以及用人单位对毕业生的满意度调查活动，通过学生反馈机制来进一步完善改进工作。2015—2016学年，各高校工作成效明显，应届本科生毕业率、学位授予率、攻读研究生率均有所提高，对学生身心素质和创新实践能力的培养不断加强，学生对教学质量满意度较高，用人单位对高校毕业生总体满意率也比较高。太原师范学院坚持开展就业指导讲座与日常帮扶指导相结合的就业指导工作，设立就业指导专项经费，采取多种形式加强就业教育。

三、特色发展

各高校在办学过程中，主动适应全省经济社会创新发展、转型发展的新要求，自觉培育办学新特色和新亮点，在专业人才培养中，在人才培养模式、学科专业建设、管理模式和校园文化建设等方面谋求特色，形成特色，发展特色，凝练特色，优化特色。山西大学“初民试验班”跨学科培养效果取得显著成效，该校经济管理学院积极探索大类招生培养模式，物理电子工程学院“优才计划”贯通本硕博培养，人才培养模式改革取得新的突破。山西医科大学组建“卓越医生班”实施“六位一体”的卓越医生培养改革模式，全方位启动临床医学专业综合改革，全面提高学生的人文素质、自主学习能力、终身学习能力、实践动手能力。山西师范大学组织大学生开展科技创新活动，推进学院特色发展、内涵发展，实施“3.5+0.5”人才培养模式，鼓励学院大胆创新，先行先试，积累经验。山西财经大学积极开展“教学研究活动周/科研训练与素质拓展活动周”和“社会实践教学活动周”活动，以强化教师参与教研的意识，促进对学生的能力培养并提高其素质，以使学生各方面协调发展。中北大学通过在全校范围内组织教学沙龙、午餐会，针对当前教学和教学改革中的一些热点、难点问题，从教师的实际情况和需求出发，开展各种咨询服务活动，为教师教学方法的改进提供指导和帮助，为教师教学能力提升搭建沟通交流平台。山西中医学院探索实施“读经典、拜名师、重临床、多感悟”的人才培养模式，将3个专业实验班学生的临床课程全部从学校移至医院，从教室移至病房，从小班变成小组，使学生从学生的角色转变为见习医生的角色，“小组轮转式”模式提高了学生的中医感悟能力和临证实践能力。太原师范学院弘扬学习“行知精神”，以“行知精神”引领学院全面发展，“行知精神”、“行知文化”已融入学校办学理念之中，这一理念熏陶着每一位学生。忻州师范学院以为期半年的扶贫顶岗实习支教和专业岗位实习为抓手，大力推进实践导向的人才培养模式改革。运城学院积极响应国家关于“引导部分地方本科院校向应用型转变”的号召，经过广泛讨论和论证，出台了《运城学院关于转型提质的若干意见》，大力推进内涵发展与建设，全力提高教育教学水平和应用型人才培养质量。山西传媒学院依托国家动画教学研究基地、卓越新闻传播人才培养基地、菁体育视频网站等平台，实施了卓越新闻传播人才培养计划、动画人才培养计划，探索传媒人才培养途径，取得了阶段性成果。山西工商学院强化通识教育，打造通才特色，推动校企共建，打造多赢模式，开展国际交流，塑造国际形象，形成了较为鲜明的教育教学特色。山西大同大学以“一院一品”教育教学综合改革项目为载体，优化人才培养模式，推动学校内涵发展，从而达到提升学生综合能力的目的。

四、当前本科教学工作中存在的问题

2015—2016学年全省本科教育工作虽然在一定程度上解决了之前本科教育中普遍突出存在的问题，取得了一定的成绩，但是随着山西省经济社会发展情况的变化，新形势之下人民群众对高等教育的期望也进一步提升。在这样的形势下，我省的本科教育工作仍存在着一些问题和不足，主要有以下几点：

（一）人才培养目标有待进一步明确

部分院校单一化的人才培养目标和模式已无法适应当前经济社会多样化人才的需求，培养的人才不适应社会对实践和创新人才的需求，具体表现为教学计划的统一性不利于因材施教和培养多样化创新型人才。一些院校本科专业建设目前还处在起步阶段，人才培养理论、实践等都处于探索中，需进一步探索特色鲜明、体制完整的应用型本科人才培养模式。

（二）教学管理体制有待进一步改革

教学质量保障体系是一项系统工程，涉及部门多、范围广、环节多，研究、探索和实践需要一个循序渐进的过程。当前在高等本科院校中，教学管理人员忙于日常事务性工作，对高等教育发展规律、现代教育思想和应用型高等教育管理理论学习不够深入，缺乏对教学管理中遇到问题的深入思考和分析能力。这就导致教学管理队伍建设比较薄弱，教学管理人员的整体素质需要进一步提高；教学管理体制机制滞后于教学工作发展的需求，制度建设有待健全完善；教学管理规章制度的执行力度不强；教学质量保障体系不够健全与完善。

（三）教学条件建设有待进一步改善

虽然近年来随着生均投入的逐年增长，全省高校的整体教学条件有了明显改善，但由于我省高校地域分布不均衡，尤其是一些省城外的本科院校，其教学设施建设总体还有待进一步加强与改善。

（四）师资队伍教学水平有待进一步提升

部分高校在教师评价、职称政策等方面对本科教学的激励政策有些滞后，这就使得教师在本科教学投入方面动力略显不足，表现为有少部分教师的授课水平不高，这里既有新教师经验不足的问题，也有备课不充分的原因，反映了教师在本科教学方面的投入存在问题。部分新建院校师资力量仍较为薄弱，高水平领军人才、教学团队缺乏，青年教师比例大，教学经验不足，业务水平有待提高。

对上述影响和制约本科人才培养质量提高的问题和不足之处，我们将在今后的工作中采取有效措施逐一进行解决，不断将全省教育教学工作推向新的高度，为我省经济社会创新发展、转型发展提供更好的人才保障、智力服务和科技支撑。

第三章　专题篇

本章纲目

山西大学生物学国家级实验教学示范中心2016学年年度报告

山西大学

一、人才培养工作和成效

（一）人才培养基本情况

2016届生物学本科生专业及获得学士学位的人数分别是：生物科学专业39人，生物工程专业42人，合计81人。生物学在读本科生专业和人数分别是：生物科学专业361人，生物工程专业220人，总计581人。

（二）人才培养成效评价等

2016年，学院本科生承担的校级科研训练项目结题16项，新获准27项，其中国家级和省级大学生创新性实验项目结题4项，新获准3项。2016届生物科学专业考取37人，考研率55.6%；生物工程专业42人，考研率47.4%。2名本科生荣获首届“内蒙古大学杯”全国大学生生命科学创新实验大赛三等奖。

二、科学研究

在实验教学中，山西大学生物学国家级实验教学示范中心始终用研究性教学理念审视、选择和组织实验，通过实验教学过程凝结科学研究和社会实践，教学、科研与应用互相促进，人才、成果与效益有机结合，实现了实验教学、科研与应用实践结合的良性互动。

2016年，中心教师新获批科研项目50余项，其中国家级项目9项，总经费1 153万元；发表科研论文208篇，其中SCI（Scientific Citation Index 科学引文索引）收录102篇；获中国产学研合作创新奖、省高校科学研究优秀成果一等奖2项，授权国家发明专利21项；鉴定成果3项。

三、人才队伍建设

（一）队伍建设基本情况

实验教师队伍和实验技术队伍的稳定，是保证实验教学质量和实验室建设水平的关键。中心根据学校创办“区域特色鲜明的高水平研究型大学”的办学目标，及生物学实验教学中心实验教学改革方案要求，对实验教学队伍建设进行了规划，同时根据实验教学平台建设和实验教学中心管理体制改革要求，对实验队伍的管理也进行了改革。由于政策到位、措施得力，加上一些高水平教师也积极投入实验教学中，学院实验队伍的数量规模、年龄结构、职称结构、学历结构都得到了优化和提高，有力地保证了实验教学中心的实验教学质量，有效地提高了实验教学中心的核心竞争力。

中心实验队伍具体由管理人员、实验教师和实验技术人员三部分组成。根据中心工作内容和岗位设置，在加强实验教师力量的同时，每个基础实验室都配备专职实验技术人员，负责实验室管理。在实验队伍的建设上，注重层次和重点，根据不同层次实验和内容更新情况，在开放流动中增强实验队伍的活力。

（二）队伍建设的举措与取得的成绩

根据学校的有关政策，中心采取在职提高、外出进修、考核管理、竞争流动等办法，以达到提高实验队伍人员业务能力的目的。一方面中心鼓励实验队伍人员进行深造，攻读博士学位，掌握前沿知识，提升学历层次，比如目前中心50岁以下的实验管理和技术人员，除当年刚入职的1名外，已全部取得博士学位。另一方面中心又对实验人员进行严格考核，有效提高了实验教学管理水平和教学质量。同时，中心利用生物学一级学科博士点和“化学与分子工程”教育部重点实验室平台的优势，利用动物学省级重点学科，植物学、生物化学与分子生物学省级重点建设学科，食品科学省级重点扶持学科，实现了实验教学、理论教学和科学研究的有机结合，实验内容、实验方法、实验技术的融汇渗透，经典知识、现代内容和前沿知识的相互贯通。中心定期组织人员参加全国教学研讨会议，建立了制度化的培养、培训、优化机制，成效十分显著。

四、信息化建设、开放运行和示范辐射

（一）信息化资源、平台建设、人员信息化能力提升等情况

中心建立了网络化实验教学和实验室管理信息平台，所有实验室都连通了网线，学生可以通过网络进行信息查询、网上选课、成绩查询、提交作业等，为学生对所选课程的深入了解提供便利，实现了网上辅助教学和网络化、智能化管理。信息平台和网络资源得到了有效利用。实验教学中心网站通过与学校教务处网站的链接，可以查询实验教学安排、实验教学时间与地点、精品课程建设、教学管理制度等信息。通过与资产设备处网站的链接，可以查询实验室分布，仪器设备名称、功能、操作规程、注意事项及设备管理制度等。另外，学生还可以通过局域网进行实验课查询和实验室仪器设备使用预约。所有实验室与校园网连接，通过校园网进入互联网。基础实验室都配备了计算机，用于实验室管理和实验教学工作。自制和引进了多媒体实验课件，全部实验采用多媒体教学。

（二）开放运行、安全运行等情况

中心以学科基础实验室为单元，建立了实验教学与科研训练平台。学科基础实验室主要用于基础实验教学，专业开放实验室主要用于综合设计性和研究创新性实验，公用仪器室全部开放。所有实验室在保证实验教学的前提下，对

所有教师、学生开放。中心制定了健全的开放制度，对大型仪器设备的使用采取预约、登记、使用、记录等办法。

本科实验教学平台、所有教学设施和仪器设备实行统一调度使用，在保证教学任务之外，仪器设备向校内外开放，既服务于教学又兼顾科研需要，从而提高了仪器设备的使用率。鼓励学生在课余时间和节假日做一些补充性和拓展性实验，完成研究创新性和实践性实验项目。学生使用仪器设备时可以写书面申请或在网上申请，要提前预约登记，经指导教师同意、中心批准后，即可使用。实验室开放期间有实验教师或实验技术人员为学生提供指导和服务。

中心根据实验教学特点，建立了安全制度和管理规范，配置了必要的安全消防、应急救护和环境保护设施。每个实验室配备了灭火器、洗眼器，将废液、废弃物集中收集专门处理。校资产与实验室管理处每年向入学的新生发放《实验室安全手册》，对进入实验室的学生进行安全培训，中心每月组织人员对实验室进行安全检查和通报。实验室张挂安全规章制度，有指定的消防安全员，有专门的技术人员负责实验室的安全工作，学校每年组织师生进行消防安全演练。通过安全目标责任制，把保证实验室的安全任务落实到每个人，使其自觉维护实验室的安全。

（三）对外交流合作、发挥示范引领作用、支持中西部高校实验教学改革等情况

中心在山西省经济和信息化委员会的支持下，与山西省杏花村汾酒厂股份有限公司建立了山西省首家“山西大学—汾酒集团汾酒工程研究生教育创新中心”，参与企业的人才培养和技术攻关。企业技术创新中心和实习基地为中心提供实践实验条件，中心也根据企业的技术需求帮助企业攻坚克难。学科资源和社会资源的优势互补将极大地推动实验教学中心的教学改革和课程建设，解决企业的技术难题也将成为中心与企业结合的纽带。此外，中心还建立了多个固定的校外实习基地。

中心承办和举办各种研讨会和座谈会，邀请知名专家和企业界人士与学生交流学习，从而提升中心的实力，扩大中心的影响。中心还利用实验教学中心师资队伍和教学设施的优势，为山西省其他院校培养师资，发挥中心的示范作用。中心不断进行教学改革，保持人才培养的高水平、高质量，以服务社会、服务地方。

五、示范中心存在的困难、挑战及意见和建议

目前，中心存在的主要问题是空间严重不足，导致一些设备与其他设备之间的间距太窄，达不到放置要求。水电等线路老化，负荷不够，存在安全隐患。

下一步中心将进一步深入完善实验教学创新体系，根据学生的认知规律和教学规律，精炼项目，丰富内容，规范方法，激发学生实验的积极性，提高实验动手能力。加大力度建设稳定的实验教学队伍，采取教学团队制和教授负责制，积极鼓励和吸引高水平、有经验的教师加入实验教学工作，强化实验教学团队的研究能力，逐步形成一支结构合理、爱岗敬业、团结协作、勇于创新的实验教学队伍。加强实验教学内容更新与改革研究，更新实验内容、增加实验项目、研发实验设备技术。完善信息平台化建设和运行，全部实现实验教学管理系统、资产管理系统、实验室开放管理系统和教学效果反馈系统网络化。加大服务地方经济，参与企业的人才培养和技术攻关，推动实验教学中心的教学改革和课程建设，将企业技术难题和服务所需纳入实践教学内容，使学生将所学知识应用于企业科技创新和服务于地方经济。扩建实验中心，优化实验教学环境，使仪器设备配置更趋合理、数量更充足，以满足实验教学的要求，使实验教学体系更加系统化、科学化，将信息化、网络化、智能化的管理切实落到实处。更好地发挥教学示范中心的辐射作用，进一步承办和举办各种层次的研讨会和座谈会及成果展示会，邀请国家级教学名师、国家级精品课程负责人、知名专家、有关部门领导和企业界人士交流学习，提升中心的实力，扩大中心的影响，充分发挥中心的示范作用。

山西大学物理国家级实验教学示范中心2016学年年度报告

山西大学

一、人才培养工作和成效

（一）人才培养基本情况

山西大学物理实验教学中心承担着物理电子工程学院物理类专业的实验教学任务，分别为：2016级物理学（国家基地）和光电信息科学与工程专业的基础物理实验Ⅰ和基础物理实验Ⅱ，2015级物理学（国家基地）和光电信息科学与工程专业的综合物理实验和设计性实验，2014级物理学（国家基地）和光电信息科学与工程专业的近代物理实验，2013级光电信息科学与工程专业的光电子实验。同时，承担着全校理工科类3 600多名本科生的大学物理实验教学任务，还承担着各类学科竞赛、开放实验、科研训练、毕业论文（设计）等课外教学任务。2016年，中心承担教学任务28.8万人时数，先后有40多位专兼职教师在实验中心任教。在第一版（2006年出版）的基础上，完成大学物理实验教材的修订，第二版于8月正式出版印刷。

全过程开展研究性实验教学，学生从入学到毕业，每学期都安排有实验教学，以研究性学习为主线，运用背景反思模式、设计互动模式、研究自主模式和项目践行模式，将基础物理实验、综合设计性物理实验、研究性物理实验、科研训练紧密结合，分层次设置各个实验教学环节。研究性学习的方法与理念始终贯穿在研究性物理实验教学新体系的各个环节之中，在研究中进行实验，在实验中提高研究能力。在兴趣激发、习惯养成、能力培养、创新中实现研究情景连动；在学习知识、熟悉知识、运用知识、创新知识中实现研究过程的连动；在学习方法、熟悉方法、运用方法、创新方法中实现研究方法的连动。

（二）人才培养成效评价等情况

在实施物理实验教学的过程中，我们将研究性学习的方法与理念始终贯穿在研究性物理实验教学新体系的各个环节之中。学生经过全过程开展研究性物理实验教学体系的熏陶以后，有能力申报各类研究项目。中心鼓励学生申报从学院到国家的各类科研训练项目，优秀的学生通过双向选择直接参与到国家重点实验室等课题组的研究项目中。2016年，共开设设计性、研究性实验项目80余项，学生撰写实验总结（小论文）80余篇，参加申报各类科研训练项目40余项，参加国家重点实验室等研究组研究课题的有30余人，申报国家级大学生创新实验项目4项。研究性物理实验与设计性物理实验接轨，后与创新实验、科研训练、毕业实习、毕业论文等接轨，形成了一个完整的实践教学培养链，为第四学年完成毕业论文打下了坚实的基础。这不仅为学生选择毕业论文的选题开拓了思路，而且保证了毕业论文的质量。

在大学生物理学术竞赛中，本中心的学生分别获得省级特等奖、一等奖、个人奖各1项，国家级三等奖1项。本年度中心的学生共发表学术论文9篇，其中SCI收录5篇。在研各类科研项目7项，其中国家自然基金项目5项，经费共计591万余元。

二、教学改革与科学研究

（一）教学改革立项、进展、完成等情况

2016年5月，获批省级教改项目1项，名称为："互联网+物理实验"的实验教学改革研究，经费1万元。建设"互联网+物理实验"平台，使学生全程参与到新项目的开发和建设中，切实推进物理实验内涵的发展。互联网必将给传统的实验教学注入新的活力，为实验教学改革的创新提供强大的动力。在教学实践中学习互联网+传统实验和仪器、物联网架构、各模块的知识体系、物联网各项关键技术，引导学生完成搭建、调试、联网运行等环节，并在此基础上进行拓展实训。该项目按计划进行，进展顺利，已经初步搭建了实验网络，正处于调试阶段。

2016年10月，获批山西大学"本科高水平教学成果培育项目"重点项目1项，名称为：依托学科优势的实验教学改革研究，经费50万元。11月，第一阶段拨款25万元已按研究计划和学校要求于2017年1月全部支出。一流学科在专业知识培养的同时十分注重学生综合素质和知识结构的培养，为教学研究和培养学生提供广阔的知识架构，也给知识创新提供开放的空间。加强国内外交流，按照"学科建设提升本科教学水平，本科教学质量促进学科建设，良性互动，持续发展"的思路，坚持"加强基础、注重交叉、提高素质、突出特色、追求创新"的人才培养指导思想，该项目进行了前期论证，依托学科优势拟建设和完善激光器技术应用、非经典光场产生及精密测量、光与原子相互作用三个研究性实验教学平台。

（二）科学研究等情况

2016年，在研国家自然科学基金5项，在研省级科研项目2项，经费总额591万元，项目进展顺利。在进行科研项目的研究中，本科生可以在教师的指导下参与部分研究内容，为研究性实验和科研训练提供了实验内容和空间，保证了实验内容的前沿性和科学性，提高了学生的科研素养和分析实际问题的能力，促进了科研与教学的互动。

三、人才队伍建设

（一）队伍建设基本情况

目前实验队伍共有47人，其中拥有高级职称的教师22人（教授1人，副教授17人，高级实验师4人）；具有博士学历的教师23人、硕士学历的教师16人。本年度，专职实验教师退休1名，学校招聘引进实验教师1名。

（二）队伍建设的举措与取得的成绩等情况

立足于地方高校的特点和学科特点，在学校的支持下，持续推进实验教学改革和实验室建设，探索适合于地方高校实验队伍建设的新路子。依据实验中心教师的科研背景和发展方向，多次开会讨论，研究依托于学科优势的研究性实验平台建设新路子，集中精力组织团队进行专项课题研究和实验平台建设。多次组织中心教师外出学习、参加实验教学会议，拓宽教师思路，为实验教学改革献计献策，同时鼓励年轻教师参与实验教学改革。

四、信息化建设、开放运行和示范辐射

（一）信息化资源、平台建设，人员信息化能力提升等情况

2016年，中心网站内容经常更新，保证实验相关信息的实时发布。尤其是近代物理实验课程，学生可以通过中心的视频课进行预习，不受空间、时间的限制。通过实际案例培训和指导，实验教师的信息化水平有所提高。

（二）开放运行、安全运行等情况

2016年，实验中心继续实行全开放，为本科生学科竞赛、科研训练、毕业论文（设计）等提供实验场所、实验仪器、实验材料等。全年共有3 000多人次来中心进行实验，30多位教师参与。

实验室安全无小事，责任到人。在实验管理人员和任课教师的努力下，定期检查，及时排除安全隐患。全年无安全事故，运行正常。

（三）对外交流合作、发挥示范引领作用、支持中西部高校实验教学改革等情况

省内高校长治学院、忻州师院先后来中心学习交流，针对实验教学的内容、实验室的运行情况与中心教师进行了讨论。中心教师参加实验教学研讨会15人次，就实验室建设和实验教学改革问题与其他学院老师交换了意见。在中西部高校综合实力提升工程的支持下，学校近5年为中心投入1 000万余元。2016年随着购置仪器的逐步到位，进一步完善、优化了实验平台。

五、示范中心存在的困难与挑战

1. 中心的实验技术管理人员严重短缺、年龄偏大，知识结构有些老化。随着老教师的退休，目前实验中心在岗实验技术管理人员仅有3人，缺口10人以上。

2. 运行经费不足。中心教学任务重，而且涉及实验室维护、仪器维护、实验室建设等工作，而学校常规拨款只有材料费。

3. 实验室面积偏小。随着大东关校区的并入和物理类专业学生的扩招，实验室面积有待增加。

六、意见和建议

1. 进一步加强实验技术队伍建设力度，为国家级实验教学示范中心设置专项运行经费，增加实验面积；充分发挥中心的示范、辐射作用，因校制宜发挥学科优势，促进教学科研的良性互动。

2. 根据学生的兴趣和发展方向，为学生设计分层次的研究性实验，让不同兴趣与不同能力的学生拥有不同的实验教学平台。结合学校的“优才计划”，与研究所共建实验室，选拔优秀学生进入实验室学习，解决本科实验教学培养与科研能力脱节的问题。研究所的教师通过这个过程，可以近距离了解到学生的情况，便于为每个学生设计不同的培养方案，因材施教。提升学生科

研能力的同时，也可以让教师更积极主动地将科研中用到的方法、取得的成果转化到教学中。教师的科研态度、科研素养也可以潜移默化地影响到学生，教师身上拥有的物理学科的科研精神、优良传统自然而然会被学生体会到，进而转化为他们模仿、学习的对象。

3. 通过多种形式开展实验教学，促进教学科研的深度融合。

开放实验作为课堂实验教学的有效补充不但可以提高实验仪器、设备等教学资源的利用率，而且由于内容、时间、空间上的灵活性，学生可以自主开展实践训练，这种形式越来越受到学生的欢迎。实验中心将统筹规划，合理安排，以满足不同专业、不同层次的学生对开放实验的需求。在学科竞赛中，针对给定课题，学生通过查阅文献、团队讨论、方案设计、实验测量、结果分析等方式完成课题并代表学校参加省级和国家级的比赛，如“大学生物理学术竞赛”“大学生物理实验竞赛”等。学科竞赛的开展不但可以拓宽学生的知识结构，使他们在学习知识、解决问题上更加积极主动，而且可以提高学生的科研素养。结合学校、学院的科研训练，鼓励学生参与研究所的科研项目。在进行科研项目的研究过程中，中心实行导师制，在项目立项、执行等各个环节都会有导师跟踪指导学生，严格把关。不同形式互为补充，为不同兴趣的学生提供更多的选择。在这个过程中，无形中增加了师生互动的机会，增强了学生提出问题的能力，同时督促教师持续学习，不断提高自身的科研能力。

通过以上改革行动，可以推进教学科研协同发展、协同育人，促进创新型人才培养。

山西大学化学国家级实验教学示范中心2016学年年度报告

山西大学

一、人才培养工作和成效

（一）人才培养基本情况

针对化学、应用化学（工科）和材料化学三个本科专业人才培养目标，学院狠抓本科教学质量，注重夯实基础知识，完善知识结构，增强创新意识。依托国家级化学实验教学示范中心平台，强化学生的科研训练意识，提高学生的动手实践能力，同时加强实习基地建设和产学研合作研究，注重探索精神、科学思维、创新意识的培养。

2016年中心承担校内理科3个学院、10个专业的实验课程教学任务，共开设27门实验课，175项实验项目。本中心年教学工作量达125 866人时数，环资学院和生科学院年教学工作量达24 054人时数。

新组建的化学工艺实验室、化工实训中心与原有的化工原理实验室组成更加完善的化工实验教学体系，仪器设备实现了自动化、数字化，达到了信息数据计算机采集和在线分析等要求，充分体现了现代化工的基本特点。实验内容进一步拓展，覆盖传热、传质、流体流动、化学反应工艺、化工实训等基本知识点和教学环节，可开设19个化工原理、化学工艺及化工实训方面的实验，满足了我院化学、应用化学、材料化学的教学需要，同时延伸到环科、资源、生科等相关专业，以适应本科不同培养目标的实验教学需求。

2016年度申报本科生科研训练52项，参与学生人数达170人（总人数221人），40项获准立项，其中四项入选省级大学生创新创业训练项目，学生参与发表论文10篇，发明专利3项。

（二）人才培养成效评价等

近年来，在校学生获得国家奖学金、国家励志奖学金、山西大学优秀学生奖学金等各类奖学金比例达到了40%；四级过级率达90%；应届毕业生考研率均达到45%；就业率90%，其中70%的毕业生选择了药企、化工企业等与专业相关的单位，20%的毕业生选择了销售、会计等与第二学位相关的单位，公务员、事业单位等所占比例很小（不到10%），毕业生综合评价的优良率达到95%。有两名学生获得2016年度全国大学生化学实验邀请赛三等奖的好成绩。

二、教学改革与科学研究

（一）教学改革立项、进展、完成等情况

2016年，在研教改项目3项，内容涵盖了绿色化学、专业实践以及本科生科研训练，进展顺利。郝俊生课题组针对目前化学实验教学中普遍存在的问题，进行了广泛的调研和讨论，形成了翔实的报告，并已获得学校评审通过，拟申报2017年山西省高等学校教学改革创新项目。

（二）科学研究等情况

在分子发光与生物传感方向，针对生物信使分子NO及其下游高氧化产物$ONOO^-$等生物分子或离子，开发了系列生物兼容的高选择性荧光探针，实现了其在细胞、组织、活体水平的高选择性荧光影像，并成功应用在糖尿病发病机制研究、抗癌药物活性评价、癌细胞及肿瘤的选择性影像方面。在绿色催化方

向，构建了固体催化剂直接稳定的乳液界面催化新体系，将水相反应效率提高了1—2个数量级，并实现油水双相体系的催化剂原位循环使用和连续化流动，显示了良好的工业应用前景。在分子识别方向，发展了系列重金属离子、pH荧光探针，并在新型荧光碳纳米粒子的开发方面获得重要进展。在工业催化方向，围绕煤下游精细化学品合成中的共性关键技术，开展了煤下游精细化学品的合成技术及催化技术和新催化材料的研究开发。共争取纵横项项目50项，科研经费总计619万元，其中省部级以上项目27项；获授权发明专利20项；发表学术论文74篇，其中SCI收录论文58篇；获山西省科学技术（自然科学类）二等奖1项，山西省高校科学研究优秀成果奖一等奖1项。

三、人才队伍建设

（一）队伍建设基本情况

中心现有教职工69人，平均年龄41岁；高级职称者38人，占55%；中级职称者24人，占35%；拥有博士学位者47人，占68%。

（二）队伍建设的举措与取得的成绩等

2016年引进实验员一名，分管有机实验室和高分子实验室，解决了有机实验室和高分子实验室的管理问题。我们还将研究所（精细化学品工程中心、分子所、应化所、晶态所、大型仪器中心）的17名具有博士学位的老师充实到实验教师队伍。

四、信息化建设、开放运行和示范辐射

（一）信息化资源、平台建设，人员信息化能力提升等情况

中心完成了新网站框架设计、数据库建立、硬件安装调试等工作，建成了代码具有版权保护、可后台更新、可并行流畅下载或观看教学视频、具备网络教学扩展能力的实验教学中心网站。此外，针对实验教学药品安全管理问题，中心开发了全新的药品库管软件——山西大学化学化工学院化工试剂、药品及

材料网上管理系统，并由专人负责管理。该软件进一步规范了化学试剂存储、领用、使用和回收过程，保障了中心实验教学的安全正常进行。

（二）开放运行、安全运行等情况

中心严格按照《山西大学本科教学实验室开放管理规定》要求，在每个学期开始，就面向全体学生公布各个实验室的开放时间和实验内容，由学生自主选择和预约。实验教学严格履行学校学院安全、消防管理规定，定期排查各类隐患，化学废弃物分类、集中后交由有资质的企业处理。实验教学整体运行平稳有序，未发生安全事故。

（三）对外交流合作、发挥示范引领作用、支持中西部高校实验教学改革等情况

2016年，中心积极参与对外交流，先后派人参加了由高等学校国家级实验教学示范中心联席会举办的“高等学校国家级实验教学示范中心建设研讨会暨虚拟仿真技术与教学资源建设论坛”（2016年4月，合肥）、“高等学校化学化工学科国家级实验教学示范中心建设暨双创建设主题讲堂研讨会”（2016年5月，青岛）、“国家级实验教学示范中心主任联席会化学学科组会议”（2016年9月，兰州）、“VR技术特色与教学资源共享——2016年高等学校国家级实验教学示范中心建设巡回交流会”（2016年9月，昆明）及“第十届全国大学生化学实验邀请赛暨全国大学化学实验教学研讨会” （2016年7月，南京），与国内同行进行了充分交流。

同时，共计有山东菏泽学院、山西运城学院等5所省内外兄弟院校25人次来我中心参观、交流、考察。同时，作为发挥示范辐射作用的重要举措，中心继续承担辅助来自全省兄弟院校的2名优秀学生完成毕业论文设计的任务。

五、示范中心存在的主要问题和困难

在国家、山西省政府和山西大学等各级领导的支持下，中心的建设取得了长足的进步，但横向来看，与省外其他重点大学的差距还比较大，主要体现在

以下几个方面：

（一）实验教学师资队伍的考核、评聘、激励机制不完善，专职实验教学人员数量不足

实验教学对学生综合素质的提高，特别是对学生创新思维和创新能力的培养发挥着不可替代的独特作用，一流的大学不仅要以高水平的教师队伍为依托，更需要有高素质、高水平、稳定的实验教学队伍做支撑。但是，由于长期以来受“重理论轻实验”的教学理念所左右，学院一直以来只是将实验教学作为理论教学的补充，将实验室工作作为教辅工作来对待，将实验教学人员作为教辅人员，将他们的工作看作是从属、辅助教学的工作，因而学院对他们付出的劳动未能给予应有的关注和认可，如在实验教学、写实验教学和研究论文、编写实验教材等方面，实验教师的辛勤付出与工作成果不能像其他教师在教学和科研工作方面取得的成绩一样得到应有的评价和肯定。同时，从事实验教学的专职人员老龄化严重且严重短缺，但受制于政策所限，得不到及时补充。

（二）实验室建设理念有缺陷

在实验室的建设过程中，中心更注重实验室的硬件建设，而忽视软件建设，即只注重于投入大量资金，不断更新实验室装备，大量增加先进仪器，但在软件方面，如在教学方法、教学手段的研究，课程建设、教材建设、教学名师培养等方面还比较欠缺。

（三）信息化建设薄弱

示范中心虽已建有网站，并具备基本功能，但还存在功能单一、电子化实验教学资源较少等问题，没有把实验教学管理、实验室开放等功能融合进去。

六、意见和建议

（一）在实验教学内容上，继续加大综合性、设计性实验建设力度

对陈旧内容进行合并、精简、淘汰，要将实验内容设置与区域经济、日常生活、实验竞赛、岗位技能、科研开发相结合，使实验内容前沿化、系统化。

对一些经典实验，则可以通过引入变量，使之具有一定的探究性，安排学生独立或者集体进行数据分析，也能取得良好效果。

提高综合、设计、创新实验比例。一方面要不断引入新原理、新技术、新方法、新应用，更新实验内容，将最新科研成果中共性的和基础的东西通过精选和改造转化为实验项目。另一方面还要避免实验内容过专、过窄的问题。要避免用旧理念、旧方法做综合、设计和创新实验，而要发挥综合、设计和创新实验应有的效果，必须以增强学生的自主性为前提，强调题目的挑战性，从而形成学生自主思考、自主设计、共同研讨修改、自主完成、自主总结评价的教学模式。

（二）在实验教学的方法上，以学生为主体，开展新的教学方法试点

首先，以学生为中心，基于学生自主学习进行教学设计，从“手把手”到教师指导下的自主学习，变教师讲授为学生的主动探究，采用问题式教学法、探究式教学法、协作式教学法、翻转课堂教学法等。加强师生、生生的讨论和互动，把学生变成实验的主体，加强交流与分享，提升教学效果。其次，加强团队合作实验，实现实验的多参数设计，协作完成较复杂的实验任务，锻炼学生综合各种知识和原理进行综合设计的能力，做到数据共同分析和分享，培养学生交流、协调能力，团队合作精神和集体荣誉感。

（三）加强信息化建设力度，进一步丰富实验教学资源

与学校有关部门积极沟通，争取经费支持，在现有网站内容基础上，增加实验教学管理等内容，同时引进虚拟仿真等教学软件，进一步丰富实验教学信息资源，建立线上线下相结合的教学模式，有效提高实验教学效率和效果。尤其对于那些在教学实验室难以完成的实验，尝试采用多媒体和网络资源方式，通过虚拟实验、多媒体课件、教学录像等资源进行了解。对于实验教学内容，也可以通过布置作业让学生自学课程网站资源，让学生通过课前学习充分了解并通过某种测试再进入实验室进行操作，一方面可以培养学生自主学习能力，另一方面也可以了解学生存在的问题，开展针对性教学。

山西医科大学临床技能实训中心国家级实验教学示范中心2016学年年度报告

山西医科大学

山西医科大学临床技能实训中心是2006年山西医科大学对原诊断学、外总实验室进行整合后成立的，并于2009年获得国家级实验教学示范教学中心称号，2013年通过验收。中心经过几年的发展、建设，取得了一定的成果。现将中心的概况汇报如下：

一、人才培养工作和成效

（一）人才培养基本情况

中心承担的临床技能训练教学任务涉及的院系和培训对象有：全日制临床医学专业、公共卫生学院、法医系、影像系、麻醉系、护理学院、成教学院、晋祠学院等院系本科生以及本硕连读生。主要培训项目有：临床基本技能操作，如体格检查、化验单阅读、影像阅片、外科基本技能操作等；临床专业学位研究生及七年制研究生毕业的集中临床技能培训与考核；住院医师培训、急救医护、麻醉医学培训等。2016年中心搬入新校区后，新增第二临床医学院、麻醉学院、口腔学院的学生800人，目前面向学生人数达1 200—1 500人/年。

（二）人才培养成效评价

自中心建立以来，学生毕业率与学士学位授予率逐年提高，临床医学学生就业率达98.6%，护理毕业生就业率达100%。

2016年采用了以“过程性评价—形成性评价—终结性评价”为一体的考核评价体系，学生平日考核及格率达100%，学生问卷调查显示对改革后的教学方法与考核满意度为100%。

用人单位对2012年以来我校毕业生的评价：培养的学生理论基础扎实，操作技能过关，适应临床工作快，学习效率高，自学能力强，勇于创新，富有积极进取和团队协作的精神。学生的能力受到国内各级各类医院认可，较多单位与我校签订长期用人协议。

二、教学改革与科学研究

中心自成立以来以临床技能实践教学改革为切入点，引入先进的现代医学模拟教育理念，参照GMER（Global Minimum Essential Requirements in Medical Education的缩写，即全球医学教育最基本要求）设置课程，构建模拟临床操作为主要取向的教学环境。中心大刀阔斧地改革管理体制，实行全方位开放式管理。同时，中心还努力增加实验教学投入，改善实验教学条件，提高实验室利用率，加强实验队伍建设，利用更加科学和人性化的教学和考核手段，全面提高医学生的临床诊断能力和各项临床操作能力，从而培养学生敏捷、正确的临床思维。

教学改革立项、进展、完成等情况

实训中心在原先教学基础上不断对教学内容、教学方法、教学手段及考核方法等方面进行全方位调整。中心以加强基本技能训练、强化医学知识整合、激励科学创新思维、提升临床实践能力、推进综合素质培养为目标，培养学生逐步完成医学基础课向临床实践、单向技能向综合能力、模式化思维向创新思维、临床医学生向职业医生的转换，更好地完成临床医学教学任务，将学生培养成为高素质的临床医学人才。

1. 打造新型临床实践平台。

医学模拟教育是利用各种仿真模型和医学模拟技术以尽可能贴近临床真实环境和更符合医学伦理学的方式进行医学教学，近年来正逐渐成为我国临床医学教学改革中具有广泛前景的教育模式。中心加强教学平台建设，建成了临床技能实训中心。功能齐全的综合性临床技能实训中心，涵盖临床基本技能和各专科技能实验室，构建了从“理论—模拟教学—实验动物—强化模拟训练—人体”一体化实践教学体系。

2. 教学方法。

引入多样化教学方法，最终实现培养学生临床综合实践能力的教学目的，改灌输式教学为启发式教学。在诊断学、急诊医学、康复医学等临床桥梁课程和专业课程中引入PBL（Problem-Based Learning的缩写，即问题式学习）学习法，以临床问题作为激发学生学习的动力，引导学生把握学习内容；以小组讨论代替班级授课，以重能力培养代替重知识传授，以多学科的综合能力培养代替单一技能培训。在教学进行过程中，重点放在组织、指导学生进行独立学习活动，使学生成为学习的主体，发展学生独立、自我引导学习的能力，以便在将来的职业生涯中更好地获取最新知识和技能。

3. 教学手段的多样化。

包括利用CAI（Computer Aided Instruction的缩写，即计算机辅助教学）、多媒体、网络课程等教学手段来促进教学质量的提高。中心应用计算机网络技术、多媒体技术、数据库技术等现代信息技术推动医学临床教学模式的改进。在互联网上学生可以进行自主学习，如进行教学素材采集整理工作，还可以进行教学效果考核及教学质量评估等，从而在医学临床教学领域中创新性地开发了一种自主学习模式和渠道，补充了临床实践的不足。

4. 整合临床考核办法，发挥考核过程和结果的杠杆作用。

将SP（Standardized Patients的缩写，即标准化病人）用于临床技能培训和考核是模拟教学发展的重要组成部分，SP在临床技能教学、考核以及不同层次学生的OSCE（Objective Structured Clinical Examination的缩写，即客观结构化临床技能考试）中有重要作用，特别是针对医患沟通这一技巧训练，SP较其他模拟教学有着不可比拟的优点。自2009年引入SP后，中心一贯秉承SP在教学与考核中的客观、公正，由原先的教师SP，发展为学生型SP，现已开始并培养职业化SP。教学中，教师与SP共同参与培养学生的交流与沟通能力，通过各种形式如病案讨论、主题讨论等加强学生横向思维、批判性思维训练。

2016年采用了以“过程性评价—形成性评价—终结性评价”为一体的教学考核评价体系。形成性评价包含实习过程评价（由教师评价与学生评价两部分组成）、实习报告评价、学习记录评价、标准化病人（SP）评价、PBL教学/病例分析评价等；过程性评价是指一个课程系统结束后进行 次小型测试，并予以成绩；终结性评价即为OSCE技能考核。

三、人才队伍建设

（一）队伍建设基本情况

根据实训中心实际情况以及当前教学改革发展方向，结合当前中心的师资发展状况，为确保临床基本技能的教学质量，中心力求打造一支高水平的教学队伍，教师队伍建设基本情况如下：中心教师具有丰富的教学和临床经验，主要由内科、外科、妇儿科、五官科、影像、麻醉等学科方面教师组成。这些教师教学责任心强，科研水平较高，尤其是经过优化组合，已形成一支有丰富教学经验、较高学术水平的高素质师资队伍。目前教研室有专职教师40名，学历结构：博士24名，硕士14名，学士2名；职称结构：有正高职称者23名，副高职称者9名，中级职称者7名。中心采用小班（30—40人/班）授课模式，小组训练采用5—6人/组，配备一位指导教师、一套训练模型。中心教师主要以中青年教师为主，45岁以下的青年教师为骨干队伍。

为保证实验教学质量，中心规定了临床技能教学人员的准入条件，教学队伍以专兼职结合、老中青搭配、教学与科研相结合为原则。中心主任为直接责任人，统筹安排，统筹调配，充分利用实验教学资源和科研资源，实现优质资源共享。中心成员除有丰富的临床技能和教学经验外，必须定期安排培训临床知识和技能。中心鼓励教师积极申报教学基金，对申报成功者或已形成成果者实行奖励机制，形成教改课题立项的倾斜政策。

（二）队伍建设的举措与取得的成绩等

为贯彻山西医科大学“十二五”本科专业建设发展规划、山西医科大学临床医学本科专业设置评估管理办法，中心进行了如下建设举措，并取得了一系列的成绩。

1. 合理配备实验教学队伍：全面提高教师的专业素质和人文素质。为保证教学质量，中心教学队伍的配备以专兼职结合、老中青搭配、教学与科研相结合为原则。

2. 中心主任为直接责任人，统筹安排，统筹调配，充分利用实验教学资源和科研资源，实现优质资源共享。

3. 严格的实验教学质量监控：教学专家定期督导，对新加入的教师进行教学质量评价，实行青年教师导师制。严格教学管理检查制度的实施。坚持进行岗位教育，将不合格教师调换工作岗位。

4. 教改课题立项的倾斜政策：鼓励教师积极申报教学基金，对申报成功者或已形成成果者实行奖励机制。

5. 注重实践技能同时对学生进行心理指导，注重“医者情怀”人文素养教育。

6. 规定了临床技能教学人员的准入条件：①临床技能教师必须有执业医师资格证和执业教师资格证，即兼具临床和教学经验。②硕士及以上学历。③所学专业与带教专业相吻合。④热爱临床实训教学工作。

八年来，中心教师在不断的实践中具备了丰富的临床技能和教学经验，中心实验教学与理论教学队伍人员相互沟通，不断进步，打造了一支核心骨干稳定的教师队伍。中心教师定期参加各项临床培训，并且还有针对性、有计划地选派实验室人员进修学习与深造。中心教师不断充实与完善自己，获得多项实验教学科研成果，并发表多篇相关论文和著作，以适应医学教育新形势下中心发展的要求。

四、信息化建设、开放运行和示范辐射

（一）信息化资源、平台建设，人员信息化能力提升等情况

中心在新校区实验室建设的契机下，采购和配置了全套模拟实验教学仪器和设备，利用模拟教育，设置虚拟、仿真实验技术手段来丰富教学内容，以CAI、多媒体、网络教学平台等现代教育技术为主要手段，建立新型教学模式，提高课堂教学质量和效率。正常运营并积极更新“耳鼻咽喉—头颈外科课程网站”“临床技能实训课程网站”与“临床技能实训中心网站”等教学平台，积极引进和拓展临床技能虚拟实验室及计算机模拟病人临床思维训练的相关软件，提升和推进虚拟、仿真实验与实际的结合，使临床基础课的实验教学更加生动和直观。

（二）开放运行、安全运行等情况

中心内部实行岗位责任制，制订教学管理工作程序、实验室工作规程实施细则等，建立健全各项制度和操作规范，保证实验教学工作的正常运转。定期对全校本科生、研究生开放实验室，并进行相应的临床技能教学，如标准化病人的常规培训和管理，并投入到执业医师分阶段考试和五年级临床技能毕业考核当中。走出学校，走入社区，对群众进行心肺复苏等技能的公益培训活动

等，累计培训学员1 130名，受到了广泛好评。

（三）对外交流合作、发挥示范引领作用、支持中西部高校实验教学改革等情况

课程网站分设课程建设、教学课件、教学视频、在线测试、精品课程、教学论坛等栏目，充分利用网络和多媒体技术教学，全面体现现代教育技术的发展和现代医学教育的理念。当年网站累计点击量20余万人次。目前还在不断更新和完善，留言和互动多条，引起广大师生好评。

良好的教学平台与教学效果吸引了国内外众多兄弟院校的关注，已有30余家院校前来访问学习，得到一致好评。

五、示范中心存在的主要困难和问题

1. 部分实践技能课仍然依附理论课存在。目前我中心已开展了多门课程的多个实验项目的教学，如内科的4大穿刺术（骨髓穿刺术、胸膜腔穿刺术、腹腔穿刺术、腰椎穿刺术）、心肺脑复苏、导尿术、消化内科、泌尿外科、普通外科等相关科室腹腔镜、内窥镜的操作等。但是，这些实验课均依附于理论课而存在，均由理论课教研室教师承担授课任务。每学期实验课结束后，一部分教研室会对相应的实验课组织考核，一部分教研室并不单独组织考核。实验课地位不够明确，不能引起学生足够重视，学生往往是理论课考试成绩高而临床操作技能较差。

2. 考核评价体系有待进一步完善。考核评价体系不完善，就不能客观公正地评价学生的操作技能，就不能正确引导学生查漏补缺。

3. 网络平台的开发利用不足。通过网络学习是大学生学习的一种重要途径，我校校园网有多个师生交流的学习平台，但临床技能方面的视频及学习资料不多，论坛交流也不活跃。另外，学生在课余时间想预约实验室进行练习也不能通过网络进行预约。

4. 非教学时段利用不足的现象应引起重视。所谓非教学时段就是指除教学科所排课程以外的时间，非教学时段可以用于学生自我练习、医护人员的专业技能培训及对社会人员进行医学知识和急救技能培训等。我中心在非教学时段对校内学生开放的时间仍然有限，医护专业技能培训也只是部分开展，模型仪器没有得到充分利用，这其实是在浪费资源。

六、下一年发展思路——改革发展思路

中心以加强基本技能训练、强化医学知识整合、激励科学创新思维、提升临床实践能力、推进综合素质培养为目标，培养学生逐步完成医学基础课向临床实践、单向技能向综合能力、模式化思维向创新思维、临床医学生向职业医生的转换，更好地完成临床医学教学任务，力求使学生成为高素质的临床医学人才。

（一）扩大医学模拟教育应用，拓展中心教学功能

实训中心作为临床模拟教学与临床实践相结合的基地，提供了以模拟临床操作为主要取向的教学环境。利用现代医学模拟教育手段，在原诊断、外总实验室基础上扩建，增设了麻醉、影像、妇儿、五官、护理和综合技能等实验教学部分，加强传统与现代的结合，更新实验教学内容，例如将心肺听诊和肝脾触诊都在模拟设备上进行教学，整合呼吸系统、心血管系统和消化系统等内容；利用10余种手术术式，整合麻醉、无菌术、手术和术后检测等学习内容；为加强学生临床综合能力、决策思维以及职业价值和人文素质等方面的培养，利用可模仿百余种病例的“生理驱动”型智能模拟人——HPS/ECS，逼真再现各类临床场景，学生以小组完成案例诊治过程，涉及角色分工、团队配合、强化学生临床思维能力和实践技能培养；在传统实验教学和考核手段上，融入了特殊的医学模拟手段——SP，利用更加科学和人性化的教学和考核手段，全面提高医学生的临床诊断能力和各项临床操作能力，培养学生敏捷、严

谨的临床思维，提高学生的临床综合能力。

（二）根据授课对象，调整教学内容，科学设置课程体系

按照医学本科生培养目标和标准，强调实践教学，对现有课程内容进行调整与整合，形成跨学科、多层次、综合性的临床技能实训课程，旨在建立一个加强医学生的综合素质、培养创新能力及个性发展的现代医学实践教学体系，力求适应医学模式的转化，体现以人为本的理念。

（三）倡导多样化的教学方法与手段

逐步开展启发式、问题式、发现式、自我导向式等多种教学法，充分发挥学生在学习中的主体作用。

（四）培训SP，完善OSCE考核系统

SP在临床技能教学与考核中发挥着重要作用，特别是针对医患沟通技巧这一训练，SP较其他模拟教学有着不可比拟的优点。教学中，教师与SP共同参与培养学生的交流与沟通能力，通过各种形式如病案讨论、主题讨论等加强学生横向思维、批判性思维训练。

教学效果通过多种考试考核方法体现，强调临床能力整合的考核，注重技能考核与职业素质考核相结合，理论考核与实际操作考核相结合，平时考核与课终考核相结合，以OSCE为主，建立和完善了《临床技能量化评估考核指标体系》，包括OSCE考核大纲、实施方案、考核内容、考核评价等。

（五）教学过程中，增加过程性评价

通过实施形成性评价、过程性评价和终结性评价相结合的考核评价体系改革，科学测量和诊断学生是否达到了特定的医学教育目标及达到的成果，从而对教学效果和教学质量进行整体评价，充分发挥学生的学习积极性与主动性。

（六）实现教学资源网络化

实训中心设专人负责网络管理和更新，通过中心内部的IT智能计算机网络系统，使中心所有的信息资源建立关联，实现资源的最大化共享。构建实验室信息化、网络化、资源共享的实验教学网络平台，开设“精品课程网站”与“临床技能中心网站”。

（七）增强中心地区辐射力

充分发挥中心模拟教育平台的作用，利用中心高科技、现代化教学设备积极开展建立面向社会辐射的教育培训模式，将中心的教学职能由学历教育延伸到继续教育，促进中心的可持续发展。

山西医科大学基础医学
国家级实验教学示范中心2016学年年度报告

山西医科大学

山西医科大学基础医学实验教学中心组建于2010年，由原属基础医学院的形态学实验室、机能学实验室、生物化学与分子生物学实验室、人体解剖学实验室、医用物理学实验室、医用化学实验室、微生物与免疫学实验室7个教学实验室整合而成，适应当前医学教育实行课程整合，鼓励实验教学独立运转，开展综合设计实验和大学生创新实验研究的发展趋势和要求。后续数学建模实验室、生物制药实验室、大学生创新创业实验室、生命科学馆4个单位逐渐建成加入，使得本实验教学中心具备全面涵盖接纳学校各学科基础医学教育阶段各专业医学、生物学及相关学科实习实践教学、指导大学生自主创新创业研究、面向学校乃至社会广泛开展生命健康教育的能力。

中心2013年被评为山西省实验教学示范中心，2016年1月正式被教育部高等教育司确定为国家级实验教学示范中心，2016年8月还成为山西省科普基地，在山西省医学教育界发挥着引领作用，并承担应尽的社会责任。

在教育部和省教育厅的相关政策支持下、在学校各级部门的帮助下，中心全体人员齐心协力，从围绕服务区域卫生教育和经济发展、支撑学校高素质创新能力培育医学生教育需求、医学人文教育和职业道德养成等三个方面开展工作，建立健全管理制度，加快中心实验室实验条件建设，拓展完善教学教育资源，挖掘潜力，真抓实干。通过一年的努力，中心取得了一些进展和成绩，简要汇报如下。

一、人才培养工作和成效

大学是塑造人才的摇篮，中心自建立之日起，就一直把人才的培养作为自己的第一要务。人才的培养包括三个层面，本科专业人才的培养、高层次研究生教育和高素质教师队伍的培育。培养的方式包括常规日常教学、课外社会实践、创新能力培育三种。

基础医学实验教学中心目前已形成形态学、机能学、生物化学与分子免疫学、人体解剖学、医用理化5个主要的学科课程群，安排的实验教学内容既包括基础验证性实验，也有综合交叉性设计实验和拓展研究性实验。2016年度，基础医学实验教学中心面向学校本科开设实验项目211个，共计培养本科学生8 317名。覆盖临床医学、麻醉学、影像学、法医学、药学、护理学、预防医学、生物制药、医学实验技术、信息管理、社会工作、医学英语等28个专业，涉及医学、理学、工学、文学、管理学等多个学科门类，对医学专业学生理论知识的巩固、实践操作技能的培养起到重要作用。

中心还依托各教学实验室，结合中心建成的创新研究实验室，接纳本科生、研究生申请进入开展创新项目。中心还专门遴选一些高水平科研人员，给予学生理论和技术指导，帮助学生提高科研思维能力及学习文献阅读分析和实验方案设计的能力，同时科研人员还负责指导实验全过程，直至最后的数据整理、论文撰写、投稿。除投入人力外，中心也给予一定的资金和材料支持。

中心探索对研究生进行教学实践能力的培养，要求基础医学院所属的硕士研究生参加本科实验教学，协助准备实验器材、制作教学标本和工具，为国家医学教育培养未来教师做准备。基础医学实验教学中心积极参与研究生教学改革探索，以调动研究生学习的主动性、积极性和创造性，激发研究生的创新思维和创新意识，全面提升研究生的创新实验能力。

基础医学实验教学中心建立了具有创新特色的实验教学体系，以学生为主体，因材施教，既巩固、深化和扩展了学生的理论知识和初步的专业技能，又培养了学生的自主学习能力、动手能力和创新意识。2016年度，实验中心培养的学生共发表论文80余篇，发明专利5项，极大调动了学生的积极性，提升了学生的创新能力和研发能力。

自2013年中心投资300余万元建成的生命科学馆开放以来，就成为学校面向校内学生、社会群众和中小学学生开展医学伦理和生命健康等人文教育的基地。生命科学馆常年对外开放，以“认识生命、尊重生命、敬畏生命”为主题，培育医学生的职业道德和正确的生命价值观。中心依托生命科学馆建立了学生社团，吸纳优秀学生参与生命馆解说、资源管理维护和人文健康宣讲，组建了一支高素质的学生讲解员队伍，受到前来参观的各级领导、老校友和社会人士的好评。

通过各种活动的开展，中心还培养了一支高素质、肯思考、能创新的实干的教师队伍。中心要求全体教师以加强国家级实验教学中心建设为己任，积极完善实验室管理运行制度。中心要求教师主动设计并开展新的实验项目，自力更生制作教具、教学图像和视频资源，联合企业研发虚拟仿真教学软件，开展教学改革引入新的教学方法，这极大地调动了教师的工作积极性，同时也使得中心的教学软件、硬件资源得到进一步改进和完善。

二、教学改革与科学研究

（一）教学改革

中心按照《中共中央、国务院关于深化教学改革，全面推进素质教育的决定》精神，根据学校建设现状和未来发展的实际需要，经常组织人员外出交流参观学习，组织专题研讨。在总结以往教学改革经验的基础上，通过教学与实验技术人员的通力协作，对目前的实验教学课程结构和教学内容、教学方法及手段、教学管理制度等方面进行积极改革探索，并申报省部级和校级教学改革项目。

2016年基础医学实验教学中心成功申报中华医学会教学改革课题3项，其中重点项目1项，一般项目2项。承担校级以上教学改革任务10项，其中重点项目2项，一般项目8项。由梁月琴、罗旭光两位老师主持研发的“有机磷酸酯类中毒和解救”和“鸡胚病毒接种”两项虚拟仿真软件列入上海梦之路公司的正式推广教学软件目录。

（二）科学研究

基础医学实验教学中心坚持教学与科研并重原则，不断强化科研团队建设，促进不同学科间的交流合作，充分依托李仁科教授等7位学院的“百人计划”“十人计划”专家的科研引领，培养优秀青年。2016年承担省部级以上科研任务32项，获得发明专利6项，发表在国际及国内核心期刊上的论文共计118篇，其中SCI收录63篇，国内核心刊物收录55篇。

三、人才队伍建设

（一）队伍建设

基础医学实验教学中心依托基础医学院师资力量，有190名教师参与教学和技术服务，有专任教师142名，其中教授24名，副教授53名，讲师65名。博士生导师10名，硕士生导师63名，其中具有博士学位的教师108名，硕士学位的教师34名。

基础医学实验教学中心直属工作人员48名，其中专职实验教师10人，专职实验技术人员38人；副高以上占40%，具有博士学位人员占30%，年龄45岁以下人员占60%。2016年，基础医学实验教学中心继续引进人才，吸引来自985、211学校的优秀博士、硕士加入中心队伍，一方面可以改善学缘结构，一方面也为中心今后的快速发展注入了新的力量。

（二）队伍建设的举措与取得的成绩

基础医学实验教学中心通过系统授课、专题研修、指派导师、讲课比赛等多种形式，给压力、给动力、给方向，帮助新教师尽快实现角色转变，明确自身职责，了解实验教学规律，掌握教学方法。积极创造条件鼓励青年教师和实验技术人员攻读博士学位；由学校提供经费资助，鼓励青年骨干人员到国内外知名大学和科研机构进行访问交流和进修；中心鼓励中心人员参加全国性和地区性的教学研讨会，提倡个人激励和团队激励相结合、物质激励和精神激励相结合，满足成员成就感需求，从而提高了团队稳定性。

四、信息化建设、开放运行和示范辐射

（一）信息化资源、平台建设，人员信息化能力提升

基础医学实验中心日常教学工作依托山西医科大学网络中心提供技术支持，利用信息化管理平台，精确分类，合理安排实验教学学生和教师的实验活动。2016年度信息化资源总量增加1 024 Mb，信息化资源总量达到205 824 Mb。2016年度网站访问量达到22 000人次。中心利用虚拟仿真实验教学平台和生命科学馆共享中心的学生和教师的数据信息，打造出虚拟仿真实验教学项目17项。信息化平台将基础医学与临床医学相结合，面向我校临床医学、麻醉学、医学影像学、护理学、药学、医学检验学等16个本科专业开设25门实验课程。

（二）开放运行、安全运行等情况

参加示范中心联席会：山西医科大学基础医学实验中心所在的示范中心联席会基础医学组，2016年8月在贵州举行了“2016年第九届全国医学实验教学研讨会暨国家级实验教学示范中心联席会基础医学组第十一次会议”，中心派出5位教师参加了此次会议，他们与兄弟院校的老师们就各自的作品进行了交流，获得了很多宝贵经验，返校后在中心内部进行了总结汇报。

开展科普活动：山西医科大学基础医学实验中心下属的生命科学馆，在面对本校学生教学开放的同时，也作为山西省青少年科普基地面向社会开放：于2016年3月27日接待太原市新建路小学120余名小学生参观，2016年5月科普周期间接待了社会各界736人次的参观，2016年5月31日晋中市食药局组织广大干部职工80余人参观了山西医科大学生命科学馆。另接待各级领导、海外友人、兄弟院校的参观学习50余次。

承办竞赛：随着生命科学馆对社会开放工作的展开，在校学生承担了接待参观人员和讲解的任务。为了更好地服务于社会，提高科普工作的质量，山西医科大学基础医学实验教学中心于2016年4月20日至5月21日举办了“最佳解说员”评选活动，有200余名同学踊跃报名参加。

承办培训：2016年7月18日至24日，由山西省教育厅主办、山西医科大学基础医学实验教学中心承办的“医学生物学研究生暑期学校”开学了，耗资15万元，对101名研究生进行了培训，收到了良好的效果。

安全运行情况：山西医科大学基础医学实验中心于2016年3月邀请山西省消防总队培训部人员对中心各部门人员进行了消防安全培训，并定期对中心各部门用水、用电、防火及药品管理进行检查。2016年山西医科大学基础医学实验中心未发生安全责任事故。

（三）对外交流合作、发挥示范引领作用、支持中西部高校实验教学改革

山西医科大学基础医学实验中心与我校山西医科大学第一临床医学院、山西医科大学第二临床医学院、山西医科大学第三临床医学院、山西省人民医院、山西省肿瘤医院、山西大医院、山西省儿童医院等数10所教学医院的网络信息中心形成了开放、共享团体。为了更好地服务全校师生和社会，中心采用分布式网络支撑平台架构，便于社会单位（其他学校、医院等）共享访问。为了提高访问速度，在每个单位创建镜像服务器。在中心建设及运行的过程中，其教学功能逐步完善，形成山医特色，并且在山西省及周边地区也起到了示范引领作用，其辐射效应逐步显露。

五、示范中心存在的主要问题

1. 因学校招生规模逐年增加，学生数量庞大，实验中心经常高负荷运转，致使仪器设备使用损耗严重，维护不足，迫切需要增加经费投入。

2. 中心虽然有很大发展，但与东南沿海发达省份、国内重点院校相比，差距仍然很大，尤其是经费投入上的差距。迫切希望上级部门投入更多的资金来推进教学实验改革、仪器设备更新、软件升级、实验项目更新、大学生创新实验支持等。

3. 目前中心人员基本为医学背景或生物学背景的专职教学人员，仍需要补充配套的管理人员、计算机维护与软件开发、视频课程制作等专门人才。

六、下一年发展思路

1. 认真学习国内其他国家级实验教学示范中心的先进经验，对照国家级标准，从实验室基本条件、教学资源完善提升、管理运行制度优化、人才引进培训几方面加强基础医学实验教学中心建设，特别要重视大学生创新平台建设。

2. 逐步推进实验教学中心的相对独立运转，建成符合学校专业人才培养

目标和服务于理论教学需求的基础医学实验教学平台，与体现满足创新思维和研究能力培养任务的学院科研平台配合，实现学院对学校专业人才培养的有效支撑。

3. 继续投入资金推动虚拟仿真实验教学平台建设，建设和完善解剖学数字化实验室和基础医学虚拟仿真实验教学系统。

4. 完成大学生创新创业平台功能划分以及仪器设备的安装使用，吸纳更多大学生进入平台，加强指导，开展项目研究并取得成果。

5. 继续整理和完善生命科学馆的硬件设施和软件资源，增加开放时间，并开展专题讲座，提升社会影响力。

山西财经大学经济管理国家级实验教学示范中心2016学年年度报告

山西财经大学

2016年，实验教学中心紧紧围绕学校建设有特色高水平国内一流财经大学的奋斗目标，强化内涵式发展。中心以深化本科教育教学改革为契机，注重人才培养。中心在实验教学体系建设、科研服务能力提升、实验环境建设、加强对外交流与学习等各个方面积极开展工作，取得了一定的成绩。

一、人才培养工作和成效

（一）人才培养基本情况

1. 人才培养目标：根据学校“十三五”发展规划和社会经济发展需求，中心确立了培养具有创新综合实践能力的经管类中高级应用人才的目标，重点培养学生的学习能力、实践能力、创新能力和就业能力，提高学生综合素质。紧紧围绕这一目标，构建中心实验教学体系和实验项目，合理配置各类实验教学资源，加强实验教学和管理团队建设。

2. 课程建设：2016年度共开设实验课程84门，实验总课时数6 903节，完成实验人时数

444 210个，开设的实验课包括基础实验、专业实验、综合实验和创新创业实验四个层次，覆盖到全校经济学、管理学相关专业。同时，加强实验课程过程监督和质量评价，所开实验课程大纲、讲义、教学日历、实验指导书（册）等教学要件齐全，实验报告按照规范格式要求撰写。实验课程考核采用多种方式进行，建立有完善的实验教学课程学生网络评价体系。学生对实验课程评价良好。

3. 实验项目：根据学科发展和人才培养目标，不断优化和完善实验项目，对部分实验项目进行调整和归并。一年来，中心开出实验项目569个，根据人才培养计划，实验项目开出率达到100%。同时，不断优化实验项目结构，积极开展综合型、设计型实验项目，综合型、设计型实验项目比例超过30%。

4. 教学方法：结合经管类实验（实训）教学特点，中心鼓励以案例分析、分组实训、仿真模拟、岗位实战为主要实验教学方法，实现理论教学和实验教学、基础实验和综合实验、校内实验和校外实践、专业能力和创新精神的有机结合。其中，专业实验课程较多采用案例教学法，综合实验课程采用了分组实训方式组织教学。在一些如期货理论与实务、会计信息系统实验、企业资源计划等实验课程中均模拟企业真实场景和数据训练学生岗位实战能力。

（二）人才培养取得的效果

1. 学生受益面广。

中心面向全校经济类、管理类专业学生开展实验教学活动。服务学生人数约9 085人。服务于全校经济类、管理类等39个专业。实验课程到课率保持在95%以上。同时，通过开放实验室、开放实验项目等措施，吸引学生利用课余时间走进实验室，开展不同类型的实验、实践活动。因此，学生综合应用能力得到显著提升。

2. 学科竞赛活跃。

中心和其他相关部门、学院配合开展学科竞赛活动，常规设立的校园竞赛活动项目主要有：大学生物流仿真设计大赛、全国市场调查与分析大赛、就业竞聘挑战赛、校园企业经营沙盘赛、校园模拟创业大赛、营销策划大赛、大学生校园创新创业大赛。年均参赛学生人次超过2 000人次，并从中选拔优秀选手参加“挑战杯”“学创杯”等省级和国家级系列竞赛活动。其中，中心连续12年举办大学生校园企业经营沙盘模拟大赛，年均参与学生超过500人次，选派优秀选手参加“学创杯”大学生创业模拟大赛、全国大学生沙盘模拟大赛等都取得了优异成绩。

一系列活动的举办，丰富了校园文化，激发了学生参与实践、参与创新创业的热情，并孵化出一批优秀的创业创新项目。

3. 学生参与科研能力提升。

一年来，学生参与教师科研活动人次和层次都得到显著提升。2016年学生在各级期刊发表论文145篇，获得各类奖项81项。学生的科研能力和专业应用能力也都得到了锻炼和加强。

4. 学生竞争力不断增强。

实验实践教学的不断丰富和完善，有力提升了学生的竞争力。作为在区域具有一定影响力的财经类院校，相关学科一次就业率达到84.8%，新生录取分数线在省内名列前茅。

二、教学改革与科学研究

（一）教学改革立项、进展、完成等情况

中心积极开展各级各类教学改革研究和推广活动，积极申请不同层级的教改课题研究。2016年教改项目省级立项7项，获得经费到账19万元。其中MOOC理念下的“计算机导论”教学改革与网络建设、地方财经院校卓越会计人才培养的教学改革研究与实践、大学生创业教育教学模式研究为省级重点教改课题。中心2016年在研课题8项。

（二）科学研究等情况

中心积极开展各类科学研究，2016年省级以上科研项目立项27项，到账经费95.2万元，其中技术联盟组织间知识转移有效性的动态影响机制与提升路

径研究、中国创新资源与区域产业结构的空间错配及修正机制研究两项为国家社科基金项目。

中心教师在国外刊物、国内重点刊物发表论文12篇，出版专著3部，在国内一般刊物发表论文45篇。发表论文质量明显提升。

完成实验仪器设备和教具研发和改造两项，自主研发的创业企业沙盘已经成功应用于教学活动，改制的精益生产仿真模拟教学系统也已经通过两轮的课程试用。

三、人才队伍建设

（一）队伍建设基本情况

中心高度重视实验队伍建设。目前，中心人员共计174人，主要包括实验教师137人、实验技术人员18人，教学及管理人员19人。实验教师由来自各学院的承担实验教学任务的教师组成，正式受聘于实验教学中心，并接受实验教学中心的业务指导和管理等；实验技术人员承担实验室日常管理和维护、实验技术支持等相关工作，由实验教学中心统一管理；教学及管理人员主要承担日常实验教学任务的组织、管理及落实。三类人员相辅相成，形成了年龄结构、职称结构、专业结构合理的人才队伍。其中，具有博士学位的人员75人，占比43%；具有副高级以上职称的人员82人，占比47%。中心人员平均年龄43岁，充分保证了教学、技术支撑和运维管理方面的工作需求。以上情况如下表所示。

表1　经济管理实验教学中心教师职称及学历结构

固定人员	职称结构				学历结构				总人数
	正高级	副高级	中级	其他	博士	硕士	学士	其他	
人数	20	62	76	16	75	77	15	7	174
比例	11%	36%	44%	9%	43%	44%	9%	4%	

（二）队伍建设的举措

经济管理实验教学中心根据学校总体人才发展战略,结合实验教学队伍现状,制订了实验教学队伍建设规划，旨在大力推进中心队伍的建设。为此，中心常组织实验教师开展各类实验教学研究活动，鼓励实验技术人员参与实验教学技术研究活动，同时促进管理人员提升管理水平，这些工作的开展使中心实验队伍建设取得了明显成效。

1. 人才引育。

学校出台了一系列激励政策，大力开展人才引育工作。实验教学中心因势利导，努力吸引高职称、高学历教师参与到实验教学建设中来。目前，一批具有较大社会影响力和较高学术水平的教授如马培生、孙国强等已经参与到实验教学活动和中心建设中来。中心还鼓励年轻博士走进实验室从事教学和科研活动，目前团队中已有博士及在读博士75人，专业覆盖学校经济类、管理类相关专业。

2. 师资培养。

中心十分重视师资培养工作，中心支持团队人员在职学位提升，攻读博士学位；支持骨干教师到国内外高水平大学进修学习，定期选派教师参加教育部举办的“学科前沿和专业知识高级研讨班”，选派教师到国内高校参加单科进修和专业课主要课程进修，鼓励中心教师参加国内各学科举办的实验教学培训。每年实验教学中心派出参加各类学习培训的教师达40余人次。

3. 政策激励。

中心按照学校政策要求，建立了合理的科研奖励制度，鼓励团队人员积极开展科研活动，鼓励教师结合专业开展实验教学研究，在实验室开展各类学术研究活动的基础上，这些政策激励措施的实施最终取得了明显效果。

四、信息化建设、开放运行和示范辐射

（一）信息化建设

1. 信息化资源。

中心注重信息化资源的利用，设计经管类实验项目大多通过计算机网络开展。中心现拥有三个服务器中心机房，配置服务器80余台，支持2 300台学生用机开展各类实验实训教学活动。所属的各个实验室均通过千兆光纤接入校园网，无线网络全部覆盖实验室各区域，学生均可通过校园网账号登录和访问校内、校外各类资源。

中心建有专门的门户网站，提供实验大纲、实验指导书等实验教学资源的访问和下载。提供创业之星、SAP（System Applications and Products 的简称，是企业管理解决方案的软件名称，该软件是SAP公司的产品）案例实训等虚拟网络实验教学资源。

依托学校图书馆，学生可访问104个中外文电子资源数据库（其中外文电子资源12种），馆藏电了资源容量达到了21 T（不包括延伸到外网的容量），馆藏电子资源基本上涵盖了学校各个学科和专业，其中财经类的电子资源已追溯到1915年。

2. 平台建设。

中心加强实验教学平台化建设，目前使用的实验教学综合实训平台主要有：（1）通过与SAP大学联盟的合作，构建了基SAP的企业经营仿真实训平台，包括GBI和AIS两个案例，学生可以借助国际先进的SAP平台，体验国际化集团企业的管理模式和方法，并可以通过SAP e-learning Hub共享SAP相关管理课程。（2）基于用友NC6.0搭建的会计综合实训平台，面向经管类学生提供企业财务业务一体化综合实训模拟。（3）基于创业之星搭建的创业模拟综合实训平台。（4）基于金蝶EAS搭建的ERP综合实训平台。（5）基于国泰安相关系统搭建的金融综合实训平台。（6）基于Simtrade搭建的国际贸易综合实训

平台等。(7) 基于物流管理实验室搭建了物流管理综合实训平台。同时，配置各类满足实验课程的相关软件150余套，充分满足各类教学和科研实验活动的开展。

(二) 开放运行、安全运行等情况

1. 开放运行。

中心建立了长效的实验室开放管理办法。中心所属实验室均安排时间面向全校师生开放。鼓励学生带着项目和课题进入实验室。一年来，中心累计提供10万余机时的开放服务，同时，为参加学科竞赛的学生提供专门的开放实验场所，组织各类培训和交流活动。

中心通过网络平台开放实验教学资源和在线实验教学项目，目前提供的在线综合实训平台7个，开放网络实训项目20余个。

2. 安全运行。

中心高度重视安全工作，颁布了《实验室安全管理规程》，制订了相应的管理细则和实施办法。中心主任为安全责任第一人，层层签订安全责任书，将安全管理职责分解到每一位管理人员身上。定期讲安全，经常举行大规模安全演练和培训活动。中心实验室全年运行秩序良好，无任何安全事故发生。

(三) 对外交流合作、发挥示范引领作用、支持中西部高校实验教学改革等情况

1. 对外交流合作。

中心采用请进来、走出去的方式加强对外交流合作。主要成果有：

(1) 2016年度，中心积极参加国家级实验教学示范中心联席会（经管组）组织的相关会议培训和学科竞赛活动，先后派出5人次参加有关会议，选派优秀团队参加“学创杯”竞赛活动，通过交流学习，汲取了兄弟单位的许多宝贵经验。

(2) 参加SAP大学联盟，和全国60余所高校共享SAP教学资源，先后派

出5人次参加交流和培训活动，并在此基础上，设计和研发了基于SAP的企业综合模拟实训课程，开课后受到学生好评。

（3）积极主办或参与组织相关学术会议3次，派出教师20余人次参加各类会议及相关交流活动。

（4）邀请相关企业参与实验教学中心建设，先后与太钢集团、山西焦煤集团、三立期货等企业建立长期稳定合作关系，与用友、金蝶等企业共建实践基地。2016年中心邀请实业界相关人士来校参与培训和交流3次。

2. 辐射示范作用。

中心作为区域内唯一的一个经管类国家级实验教学示范中心，始终发挥示范引领作用。2016年，先后接待重庆理工大学、北京化工大学、山西工商学院等省内外兄弟院校参观访问8个批次；承担大数据与统计科学研究生暑期学校等大型培训活动1次，小型师资培训3次，到账经费15万元。中心帮助山西财经大学华商学院、山西工商学院开设了企业仿真综合模拟实训课程。

五、示范中心存在的主要困难和问题

中心在建设过程中，也面临着一些问题和挑战，主要有：

（一）深层次校企合作需要提升

经济管理学是实践的科学，是社会经济运作和企业管理的总结，学生需要深入实践才能透彻理解相关知识。因此，需进一步加强校企合作，完善实验教学体系，改进实验教学方法，将课程实验、仿真实训和企业实训真正结合起来，把校园融入企业，把企业引入校园，开展多层次校企合作。

（二）国际化交流有待加强

全球商业化背景下，经济管理实验教师必须具有国际观念、国际意识和国际视野，具有跨文化教育背景，即只有了解多元文化，把握学科专业领域的国际现状和趋势，才能不断发掘、思考和研究符合现代企业应用要求的实验项目。实验教学中心目前尚缺乏这样的教师，急需加强国际化交流，提升教师队伍的国际视野。

（三）科研支撑能力尚有不足

中心建设围绕教学投入大量精力，但限于相关条件限制，实验室对科研的支撑能力还亟待提升。中心今后要进一步理顺体制，不仅鼓励教师从事实验教学活动，也要为师生开展科研活动提供支持，还要进一步整合实验教学资源，鼓励教师和学生多出高质量科研成果。

六、下一年发展思路

（一）进一步理顺和完善实验教学体系，着重推动创新创业类实训课程开展

在现有课程基础上，进一步完善实验教学体系建设。目前已启动实验课程教学大纲和实验项目修订工作。同时，加大创新创业类实验课程研发和推进力度。

（二）进一步发挥实验中心辐射、引领和示范作用

鼓励教师和学生走进实验室开展各类科学研究活动，力争在科研成果数量和水平上有较大提升，为中心建设提供源源不断的发展动力。同时，加强与国内外先进院校、机构和企业的合作，提升中心的国际化视野，开展不同层次的合作研究和教学活动，增强中心的辐射和引领示范作用。

（三）进一步引入先进技术，优化实验教学环境

进一步借助虚拟化、云平台、大数据等先进技术，实现实验环境和实验技术水平的提升。目前，中心着力推进虚拟化实验教学资源建设，着手开展实验云平台建设、实验教学管理信息化平台建设和实验教学资源数字化建设。同时，对部分实验室进行升级改造。

太原科技大学机械国家级实验教学示范中心2016学年年度报告

太原科技大学

一、人才培养工作和成效

（一）人才培养基本情况

一年以来，通过在中心的学习活动，学生的实践能力、创新意识、综合素质等方面得到明显提高。

1. 专业覆盖面广，学生受益面大。

机械实验教学示范中心面向32个专业（方向），中心面向全校理、工、经、管（包括华科学院）等12个学院39个专业和方向开展工程实践教学。每年参加实验中心教学实验的本科生约112个班，实验时间合计293周，合计总人数3 886人，413 760人时数。完成本科专业培养方案中的金工实习情况如下表。

金工实习情况表

学院	所设专业（各专业实习周数）		
机械工程学院	机械设计制造及其自动化（1+3）	机械电子工程（1+3）	车辆工程（1+3）
	工业设计（1）	机械工程（1+3）	
材料科学与工程学院	材料成型与控制工程（1+3）	焊接技术与工程（1+3）	材料科学与工程（1+3）
	无机非金属材料工程（1+3）	材料物理（1+3）	冶金工程（1+3）
电子信息工程学院	自动化（1+2）	通信工程（1）	电子信息工程（1）
	电气工程及其自动化（1+2）	测控技术与仪器（2）	
计算机科学技术学院	计算机科学与技术（1）	网络工程（1）	软件工程（1）
	物联网工程（1）		
经济与管理学院	经济学（1）	市场营销（1）	工业工程（1+3）
	国际经济与贸易（1）	会计学（1）	电子商务（1）
	信息管理与信息系统（1）		
环境安全学院	环境工程（1）	安全工程（1）	环保设备工程（1+3）
应用科学学院	工程力学（1+3）	光电信息科学与工程（1）	
交通物流学院	交通运输（1+3）	物流工程（2）	
化学生物工程学院	过程装备与控制工程（3）	化学工程与工艺（1）	能源化工（1）
	油气储运（3）		
晋城校区	采矿工程（2）		

（续表）

学院	所设专业（各专业实习周数）		
外国语学院	英语（科技英语）(1)	日语（1）	2016年执行2015年前的培养方案
华科学院	相关专业		
校专科部	相关专业		

2. 科技活动的场所，完成作品的基地。

实验中心是学生完成创新实验项目和制作设计产品的基地，学生利用中心所提供的场所和设备取得了可喜的成果。

（1）2016年中心组织了第三届校大学生工程训练基本技能竞赛。

中心组织了第三届校大学生工程训练基本技能竞赛，比赛从4月12日启动，5月9日、10日比赛。共吸引了我校6个学院10余个专业460名同学报名。通过预赛、培训，共329名同学参加数控车削、数控铣削、电火花线切割、3D打印设计与制作、普通车削、焊接技术、铸造技术、钳工技术8个项目的决赛。比赛项目比上届竞赛增加了2项，比赛项目内容也比上届丰富。此次大赛还吸引了山西省水利职业技术学院的12名同学，他们参加了数控车削、数控铣削两个项目的比赛。通过此次大赛，增强了学生的工程实践动手能力，为我校培养符合社会需求的“三实”人才起到了积极的促进作用。

（2）中心组织了第五届全国大学生工程训练综合能力竞赛。

中心于2016年暑假前启动该项竞赛，共20支队伍上交参赛方案。通过答辩，共15支队伍进入作品制作阶段，现参赛作品——“无碳小车”进入组装调试阶段，2017年3月份参加省级比赛。此项竞赛是由校、省、全国三级竞赛组成的全国性大学生科技创新实践竞赛活动。其目标与教育部组织实施的“高等学校本科教学质量与教学改革工程”的要求一致，以竞赛活动为平台，以能力培养为核心，激发学生学习和研究的潜能，培养学生团队协作意识、实践能力、工程管理能力和创新精神。

（3）完成作品的基地。

中心教师宋建军、成俊秀、白峭峰等指导学生完成4台步兵机器人、1台英雄机器人、1台空中机器人、1台全自动基地及补给站等作品的设计、制造、装配、整机测试。参加了“RoboMasters2016全国大学生机器人大赛踢馆赛”。

中心教师连晋毅、张喜清、要志斌等老师带领着8名学生，带着他们在实验中心精心制作的123号赛车，代表太原科技大学第五次参加了“2016第十届HONDA中国节能竞技大赛”，与来自国内外65所高校的大学生同场竞技，最终取得了第30名的成绩，同时也是我省参赛的三所院校中燃油组别的最好成绩。

中心教师岳一领、陆凤仪、宋建军、成俊秀、白峭峰等老师指导学生在中心完成立体仓储转运机器人、快递小哥、智能搬运整理系统（超市版）、KNIGHT仓储管家等作品，参加了2016年“全国大学生机械产品数字化设计大赛”，取得国家一等奖3项的好成绩。

（二）人才培养成效评价等

学生创新能力提高，竞赛成绩斐然。中心代表学校与同济大学、大连理工大学、武汉理工大学、西南交通大学共同发起并主办了第一届“全国大学生起重机创意大赛”，我校参赛学生获国家级三等奖4项。目前，“全国大学生起重机创意大赛”已改为“中国大学生机械工程创新创意大赛”，由中国机械工程学会联合教育部高等学校机械类专业教学指导委员会、教育部高等学校材料类专业教学指导委员会、教育部高等学校工业工程类专业教学指导委员会共同主办，每年举办一届。我校将参加2018年的大赛。

我校学生在“第七届全国大学生机械创新设计大赛”中获国家级二等奖2项，在“全国大学生机械产品数字化设计大赛”中获国家级一等奖2项，国家级三等奖1项。在“第一届全国大学生创新方法应用大赛”中获2016年国家级“创新方法应用优秀学生团队奖”，在第九届“高教杯”全国大学生先进成图技术与产品信息建模创新大赛中获国家级一等奖5项，国家级个人全能二等奖1项，国家级建模单项一等奖1项，国家级机械类团体一等奖5项，在“创青春山西省兴晋挑战杯大学生创业大赛公益创业赛”中获省级银奖10项，省级铜奖3项，在“第十五届中国机器人大赛RoboMasters”中获全国二等奖9项，在“SAIL青少年科技创新大赛”中获百强作品3项，在“第二届山西省大学生创新创业大赛”中获国家级优秀奖6项，在“全国大学生先进成图技术与产品信息建模创新大赛”中获国家级一等奖1项。“一种车轮驱动装置及具有该装置的电动轮椅”获国家级专利奖1项。在“第二届山西省大学生创新创业大赛”中获省级二等奖3项，省级三等奖5项，在“山西省大学生电子设计竞赛”中获省级一等奖3项。参加山西省“创新创意创业”大赛，获省级优秀奖1项。

二、教学改革与科学研究

（一）教学改革立项、进展、完成等情况

通过一年的建设，中心获教学改革立项10项，其中省级4项，校级6项，研究成果应用到教学实践中，取得了较好的效果。

1. 实验教学体系改革方面：完善了“四大平台—三个层次—模块化—开放式”的实验教学新体系，满足了学生实践创新能力发展的各类需求。2016年开设实验项目总数126项，其中综合性、设计性、创新性实验项目数86项，所占比例68%，为50项“大学生创新性实验项目”提供了支撑。

2. 实验教学内容改革方面：适应机械工程学科发展需要，不断改革实验教学内容。本着“五个有机结合”原则，不断更新优化实验教学内容，突出了工程背景与实验教学内容相结合的特点，如“大型油膜轴承实验台”的应用就有效锻炼了学生的实践能力。

3．实验教学方法和手段改革方面：从单一技术到多元技术融合，建设实验教学网站和多媒体实验教学课件，开展虚拟实验教学，实现了优质教学资源共享，同时形成了柔性化的多元实验考核办法，实现了实验过程与实验结果的统筹考核。

4．实验中心硬件建设方面：通过资源整合，突出特色，采用中央地方共建、学校重点投入的有机结合方式，加强硬件建设，为学生提供良好实验环境。中心向本科生、研究生和教师开放，为学生的个性发展以及教师进行科研实验提供硬件平台。在硬件建设中注重将新科研成果转化为自主研制实验设备，校内一些国内领先的特色实验平台大多来自科技成果的转化。

5．创新实验教学机制方面：大力开展大学生机械创新设计与制造等创新性实践性教学。采取各种措施为学生提供各类优质资源，鼓励学生进行创新性设计，加强学生思维方法的训练，鼓励学科交叉，鼓励自主学习，鼓励探索精神，构建培养具有创新意识和实践能力人才的机制。

6．实验教学的工程训练方面：按照基本技能、提高型技能、综合创新型技能等实践性教学环节，形成分层次、多模块、与理论教学有机结合又相对独立的工程训练教学体系。

（二）科学研究等情况

以山西省重点学科、国家特色专业、全国工程教育专业认证专业、山西省品牌专业、优势专业为依托，充分发挥特色专业优势，结合学科发展前沿和工程实践需求，开展实验教学的研究与改革；通过与重型机械行业和山西装备制造业的产学研合作项目，适时将科研成果转化为实验教学内容，开发了一批具有自主知识产权的实验设备和项目。如以山西省重点学科建设为依托而研制的“带式输送机模拟摩擦系数综合测试系统”和“带式输送机压陷滚动阻力测试系统”，可更换测试托辊及支架，模拟加载施加给测试托辊，满足不同载荷、不同带宽的测试托辊组正压力的加载要求，可精确施加并测定输送带拉紧力、托辊正压力以及运行阻力，适用于起重运输机械专业方向，由此进行科学研究，申请并获批山西省自然科学基金项目“带式输送机主要阻力特性研究”，这是以科学研究促进实验教学发展的典型例子。

依托山西省物料仓储与装卸输送装备工程技术研究中心研发的“高效螺旋输送实验系统”，适用于起重输送机械专业方向，“斗式提升机实验系统”适用于物流工程专业等，实验设备体现了专业特色与自主设计的融合，实验项目体现了实验教学与工程背景的融合，构建了适合机械类各专业不同需求的机械实验教学大平台。有利于培养学生的工程意识，训练工程能力，实现了工程教育回归工程，科研成果提升了教学资源的质量。

2016年，中心教师主持科研项目41项，其中国家级12项，省部级及横向项目29项；获科技成果奖4项，其中国家级二等奖1项、三等奖2项，省级二等奖1项；发表学术论文52篇，其中EI收录22篇；著作10部；专利24项，其中国家发明专利16项，实用新型专利8项。

三、人才队伍建设

（一）队伍建设基本情况

中心制订出“布局合理、配置优化、资源共享、管理科学、开放服务”的建设思路，提出了“厚基础、宽综合、重实践、强能力、励创新”的实验教学改革思路，以“五个有机结合”的实验教学理念，构建了“四大平台—三个层次—模块化—开放式”新体系，建立了实验成绩考核方法和有效的实验教学效果评价体系，组建了全国优秀教师、教学名师、首席学科带头人领衔，理论课程教师与实验技术人员相结合的实验教学队伍。

实验教学队伍的好坏是能否建成示范中心的关键。学校非常重视实验教学队伍建设，在四年的建设中，中心实验队伍结构得到不断优化。中心现有教师117人（含实验人员），其中，教授25人，博导4人，享受国务院政府特殊津贴者1人，中国机械工业科技专家2人，山西省教学名师5人，副教授40人。教师中已获博士学位的48人，在读博士15人。相比2015年，现有实验教学队伍中高级职称比例提高21%，博士比例提高7%，学缘结构日趋合理，形成了一支教育理念先进、热爱实验教学、教学科研能力强、学术水平高的实验教学队伍。

1. 构建一支由"全国优秀教师""教学名师""首席学科带头人"领衔，理论课程教师与实验技术人员、专职与兼职、实验教学与理论教学、实验教学与科学研究相结合的实验教学队伍。教师具备科研素养，熟悉科研方法，善于将先进的教学理念和最新的教学内容引入实验教学，保证了实验教学内容的先进性和创新性。

2. 加强实验教学队伍建设。本着"引进与培养并重，竞争与激励兼顾"的原则，积极引进博士（3名）充实队伍。鼓励中青年教师和实验技术人员在职进修（10名教师获得博士学位，15名中青年教师攻读博士学位，7名教师进入博士后流动站或企业工作站）。实验技术人员采取固定与流动相结合、竞争上岗的用人机制，形成了一支管理理念先进、骨干相对稳定、精通实验技术、团结协作创新的实验教学队伍。

3. 实验教学队伍教风优良，治学严谨，勇于探索和创新。例如史清录教授在完成教学科研工作的同时，利用大量的业余时间指导王瑞国等同学进行"遥控型实物挖掘机模型"的创新设计等事例充分说明了这一点。

（二）队伍建设的举措与取得的成绩等

1. 提升教学科研能力，加强对外交流合作，拓宽国际视野。中心先后选派17名教师赴国外研修，累计参加国际学术会议120多人次。找到了通过国际交流提升实验教学队伍水平的新途径。

2. 根据《太原科技大学关于进一步提高本科生教学质量的若干措施》引导和激励高水平教师积极投入实验教学，建立理论课主讲教师承担实验教学工作制度，促进了理论教学与实验教学的融合。

3. 定期举办“实验教学基本功竞赛”，激发教师和实验人员参与教学实践活动积极性，不断提高我校实验教学水平，进一步形成培养具有创新意识和实践能力的应用型人才的机制和氛围。

四、信息化建设、开放运行和示范辐射

（一）信息化资源、平台建设，人员信息化能力提升等情况

在成为国家级实验教学示范中心后，中心在已建成的、开放性的信息化平台（示范中心网址：http://www1.tyust.edu.cn/jxsypg）基础上，不断完善、增强网络化信息和功能，使更新后的信息化平台在实验教学和实验管理中发挥了较大的作用，使实验教学和管理水平上了一个新的台阶。为了更好地开展信息化平台建设工作，中心专门设立了信息员的工作岗位。自2007年5月以来，太原科技大学大学机械实验教学中心实验教学网站的建设已经历经整整10年了，在这段时间里，本网站在实验课程建设上、在对实验教学的应用和推广等方面取得了一定的成绩。

截至2016年12月，网站在10年的时间里已经拥有500多名注册用户，页面总点击量1 345万余次，学期中平均日访问量超过1万次。网站已拥有3 000多个页面，每天新增和更新的页面数平均在5—10个之间，可供下载的相关文件、资料数超过10 000个。远在海外的用户也积极参加了网上讨论。

1. 网络实验教学资源。

示范中心网站的教学应用创新是机械类课程教学的重要组成部分。在近年来网络信息技术普遍应用于教学的背景下，示范中心网站承担了以下几个方面的创新性工作：

教学信息的管理和发布；

课程内容介绍及教材讲义下载；

学生的选课及教学安排；

师生互动及学生提问答疑；

实验资源（如实验教师、实验教室及实验设备）的管理；

新建实验和进行中的实验项目的管理等。

以上作为国家级精品课程的申报网站及精品视频公开课的申报内容，建设及管理成本较低，目前反映良好。

一年来，根据实验设备投入和建成的情况，结合工程教育专业认证，中心对网络实验教学资源不断更新并增加相关内容。

实验教学辅助系统包括实验教学大纲（2011年修订）、实验项目设置、实验指导、实验课件、仪器设备、成绩评定、典型实验案例等。

理论教学辅助系统包括课程大纲（2011年修订）、教学日历、教学指导、授课教案、多媒体课件、参考试卷、课后习题、教学录像、实验教学、生产实习、课程设计等。新增国家精品课程、国家精品视频公开课建设课程、3门省级精品课程、重型机械资源库等教学资源。

开放式机械教学资源库包括基础型仿真软件、工程应用型仿真软件、常用机构动画库、常用零件库，新增数字样机模型。

2. 实验室管理信息化。

网上发布实验中心相关信息。网站包括：中心管理制度、中心人员管理、仪器设备管理、实验教学管理、开放实验管理、创新大赛事宜、教学成果、互动空间等模块。新增互动论坛空间，内置四大讨论区。实验教学管理包括实验课程编排、实验报告电子文档网络化提交批阅、实验课件下载。实验预约允许学生根据自身的水平、兴趣和爱好，通过网络自由选择实验项目及实验时间，这样的安排更加灵活，也更人性化。

网络信息化平台的建立，为学生自主实验及个性化发展提供了良好的条件，提高了实验教学效果，促进了实验教学发展。网络信息化平台的使用，为中心实验室的开放提供了便利条件，实现了实验教学在内容、资源、时间、空间上的开放，实现了实验中心各类实验教学资源的共享和共用。

工程训练分中心现建有中心级的局域网，它与校局域网呈大网套小网的格局。中心的编程室与数控机床、线切割及数控铣床等建有直通网络，实现了中心教学网络化。学生成绩、指导人员业绩考核和对资产设备的管理均采用信息化管理模式。为了让学生参与工程训练内容和考核等的管理，中心实施了工程训练学生意见网上反馈等措施，实现了工程训练过程公开化，同时可以发挥学校其他职能部门监控作用，中心将实施教室多媒体教学和现代企业考勤管理手段，实现教学过程公开化。

3. 存在的不足与改进措施。

首先，我们在课程设计、人力资源和实验室空间管理等方面还存在不足，有待改进。

（1）需要强化基本功训练，鼓励学生创新，将新内容与课程本身的内容融合起来学，在强化学生自主探索的过程中，发挥教师引导作用。

（2）需要补充师资力量。青年教师和实验技术人员的队伍相对薄弱，在日常教学和改革发展中的作用有待加强。

（3）在实验中心蓬勃发展的近几年里，各个实验室不集中，在未来几年，通过学校领导进行资源规划，有望解决我们的教学实验室用房过于分散的问题。

其次，未来在队伍建设中需要改进之处：

（1）继续鼓励有条件的青年教师在职攻读博士学位。现已有3名青年教师正式成为在职博士研究生。

（2）在加强年轻教师学习和培训的同时，大力提倡“教授上实验课”，请科研教师来中心教授实验课，不仅可以丰富实验课的内容，拓展学生的视野，还可以有效加强实验和理论教学的联系。示范中心以后将争取让科研教师参与实验教学常态化。

（3）坚持每周在固定时间召开一次实验教学研讨会，每位教师平均每学期要在研讨会上作一次报告。

（4）通过中心网站以及不定期的工作会议对实验中心的事务进行有效管理。

（二）开放运行、安全运行等情况

示范中心按照各实验、实习教学大纲的要求配置设备，目的是建成具有现代管理水平、先进仪器设备、健康安全环境的实习试验基地。教学场地设计人性化，具备信息化、网络化、智能化条件，运行维护保障措施得力，适应开放管理和学生自主学习的需要。安全、环保，严格执行国家标准，应急设施和措施完备，安装有防盗报警装置和消防器材。坚持“安全第一，防范为主”的方针和“谁主管，谁负责”的原则。中心建立严格的安全、环保岗位责任制，定期检查并认真做好安全检查记录，做到全员参与。根据《太原科技大学实验室安全规则》和《太原科技大学实验人员防护用品和保健津贴管理规定》，中心严格执行安全、卫生、设备维护保养等条例，并设有安全员，协助中心主任全面监督、检查、落实安全和环境保护工作。

中心秉承“负重奋进、笃行求实”的校训，营造了“务实、奋进；创新、求真”的实践育人文化氛围。根据《太原科技大学关于学生实习的暂行规定》和《工程训练各工种安全操作规程》开展安全教育，强化安全与环境意识，优化实习环境，确保实习安全。实习前，老师负责对学生进行安全教育和指导，进入中心的所有人员必须先进行安全教育，掌握基本安全技能与防范措施。

（三）对外交流合作、发挥示范引领作用、支持中西部高校实验教学改革等情况

1. 硬件资源共享：中心接待兄弟院校师生来中心实验、实习，实现资源共享。其中太原大学（411 人、人时数 5 936），太原城市职业技术学院（人数

133、人时数10 640)，山西应用技术职业专科学校（人数151、人时数为2 886)，华科学院（人数1 870、人时数237 160)、成教学院（人数238、人时数19 040)。

将中心自制的“高性能深冷处理试验台”推广应用到西北工业大学、河北科技大学；“钢结构疲劳试验台”推广应用到中北大学、太原理工大学、太原工业学院等高校。

2. 软件资源共享：将本实验中心的实验课件和网络实验系统与中北大学、太原理工大学、太原工业学院、山西大学工程学院等高校共享。

3. 成果交流及参观：参加“国家级实验教学示范中心建设成果展示交流会”、全国性实验教学改革研讨会和教学研讨会，与兄弟院校共享实验教学改革成果。中心先后接待了来自国内外高校、研究院和企业的同行参观与交流。

2016年10月底，参加了由高等学校国家级实验教学示范中心联席会机械学科组主办，武昌首义学院（原华中科技大学武昌分校）和华中科技大学出版社承办，在武汉召开的全国机械类国家级实验教学示范中心建设研讨会。会议的主要内容包括：(1）基于OBE（Outcomes-based Education的缩写，即基于学习产出的教育模式）理念的机械工程教学改革。(2）国家级实验教学示范中心建设成果与经验。(3）机械类虚拟仿真实验项目的设计与开发。(4）机械类实验教学改革与创新性实验开发成果交流与研讨。(5）研讨机械学科组虚拟仿真实验平台建设。

4. 为社会行业服务：中心与太原重工集团等企业建立了长期的科研合作关系，资源长期共享。中心除了承担全国大型设备监理师资格认证培训外，还为山西孝义金岩煤电公司等四家企业人才技能培训千余人次。

2016年7月19日至29日，中心承办了山西省“重型装备”研究生暑期学校，150余名来自省内外的博士、硕士研究生参加了本期暑期学校。本暑期学校邀请重大技术装备制造领域学术水平高、教学经验丰富的知名专家、学者担任主讲教师，开设系列课程，举办学科前沿讲座、学术研讨会和科研能力培训活动，同时中心还带领学生参观考察有关重点实验室、工程技术中心和产学研基地等科技创新平台。这些活动的举办对于彰显我校办学特色、进一步扩大我校的社会影响力、提升我校服务地方经济能力及促进我校机械工程学科发展具有重要的意义。

5. 论文教材交流：徐格宁教授在《实验技术与管理》《实验室研究与探索》名人专访栏目介绍实验中心建设经验。王伯平教授主编的《互换性与测量技术基础》（含实验指导书）被全国30余所高校广泛采用。

五、示范中心存在的主要问题和改进方案

1. 存在的问题。

（1）实验室布局集中度欠佳，机械基础、机械专业、工程训练实验室用房分布多处，而在建的教学实验综合大楼还未交付使用，部分实验室面积不足，新增设备难以科学合理布置。

（2）学校为创新项目和国家级、省级创新大赛投入的经费偏少，未能承办省级、国家级学生竞赛，这在一定程度上制约了部分创新项目的正常开展，影响了项目参赛的广泛性。

（3）部分教学成果未能及时申报国家级教学成果奖，这在一定程度上影响了实验教学成果的推广。

2. 改进方案。

（1）教学实验综合大楼即将完工，学校将统筹调整机械实验教学中心的实验室面积和布局，科学合理地优化整合实验设备资源，从而提高管理效率和实验设备的利用率，更好地实现资源共享。

（2）加大机械实验教学中心专项经费的投入，大力支持创新项目和国家级、省级创新大赛，鼓励发表高水平实验教学论文、出版正式实验教学教材。

（3）从政策、经费、条件上积极鼓励、支持申报国家级、省级高水平教学

成果奖，进一步扩大辐射示范作用。

六、下一年发展思路

遵循校“十三五”规划中创新教育教学理念，确定培养高素质创新人才的战略主题。中心的实训教学是我校教学工作的重要组成部分，新时期的人才培养需求对工程训练教学内涵与质量提出了更高的要求。

依据教学示范教学任务，中心2017年的工作思路和重点如下：

（一）工程实践教学工作与实践教学质量体系的建设

1. 完善教学安全保证体系。

完善安全教学管理制度和目标责任制，即三级安全教育体系：第一级是在金工实习导论课上需要讲安全教育，第二级是关于各工种安全操作规程教育，第三级是在操作演示教学过程中的安全教育即岗位安全教育。进行三级安全教育，为的是使教师和学生牢固树立“安全第一，预防为主”的安全意识，提醒教师和学生始终注重教学过程检查、设备状态监控以及环境安全监控，为实现教学质量的提高提供安全保证。

2. 教学示范课程体系与内容。

中心教学示范课程体系和教学内容的确定建立在以培养学生的工程实践能力为核心的基础上，同时要从专业特点和人才培养层次的角度确定实训项目的内容、类型及层次等。

3. 教学示范教学模式与组织。

（1）确保学生在教学活动开始时就明确实践目标，在教学示范过程中激发学生进行工程训练的兴趣和积极性。（2）根据不同专业，设置适合不同专业、不同层次学生的实训模块。（3）定期组织教学座谈会，相互讨论，优化教学硬软课件。

4. 师资队伍建设与管理。

师资队伍水平高低是衡量中心建设水平及教学质量水平高低的重要评价指

标。一年来，中心通过优化师资队伍结构、加强教职工业务能力培训、完善师资队伍管理机制等一系列举措力求构建一支具有工程训练特色的师资队伍。为达到此目标，中心做了如下具体工作：（1）制订提高教职工业务能力的培训方案。（2）加大对“一岗多能”型青年教工队伍的建设力度。（3）寻求学校相关政策支持，让教职工走出去，走向企业，走向教学示范成效好的院校，学习先进的教学方法与理念，进而提高业务能力和素质。

5. 工程实训教学资源与条件。

寻求校领导及相关部门支持，拓展中心教学空间，搭建大学生创新创业服务平台。

6. 教学示范教学质量监控体系与改革。

构建科学、合理、可操作性强且具有长效机制的监控体系，保证教学示范课程质量，保证体系的有效运转和可持续完善。具体如下：（1）完善规章管理制度。（2）明确岗位职责。（3）量化评价指标。（4）监控整个教学环节（教学效果评价、教学过程检查、设备状态监控以及环境安全监控等）。（5）完善生评教体系（组织不同专业、不同层次的学生座谈，听取学生的反馈意见，总结反思教学方式方法等）。

（二）教学示范创新实践平台建设

1. 组织第五届大学生教学示范综合能力竞赛。

结合前期比赛的进展情况，及时总结比赛组织过程及作品组装调试的问题和难点，及时将问题进行分析并解决。在3月初完成校级比赛及省级竞赛的参赛选拔，争取在省级竞赛中取得好成绩。力争有1—2支队伍参加国家级比赛，比上届成绩有所突破。

2. 大学生创新创业平台建设。

在教学示范综合能力竞赛活动过程中，选拔优秀创新人才，支持大三、大四学生结合专业方向及毕业设计题目完成创新设计与制作项目，为大学生创新创业服务。这一举措使部分大学生工程创新实践四年不断线。在此项工作开展的过程中，激发低年级学生的参与兴趣，并形成梯队培养机制，将此项工作长期开展下去。

（2011年以来，中心支持多届学生结合毕业设计题目完成机械创新设计与制作。通过这样的锻炼，这些学生顺利就业后，均已成为部门或企业的佼佼者。）

（三）工程训练教材

工程训练教材的编制，一直是中心的空白。2017年中心将启动工程训练教材的编制计划，希望能编写出一套紧扣我校本科生培养目标与特色且适用于中心使用的工程训练实训教材。

总之，教学示范中心建设与教学管理改革，是一个长期课题，目前还存在诸多问题需不断探索，以保证教学示范中心的可持续发展。

第四章　重要讲话与文件汇编

本章纲目

中共山西省高校工委、山西省教育厅 2016年工作要点

2016年全省教育工作的总体要求是：深入贯彻落实习近平总书记系列重要讲话精神，遵循党的十八大和十八届三中、四中、五中全会精神，按照“五位一体”总体布局和“四个全面”战略布局，落实教育部和省委、省政府工作部署，牢固树立和贯彻落实创新、协调、绿色、开放、共享的发展理念，紧紧围绕立德树人根本任务，加强教育系统党的建设，深入推进改革创新，优化教育结构布局，全面推进依法治教，大力促进教育公平，稳步提高教育质量，为实现全省“十三五”良好开局、全面建成小康社会发挥关键支撑作用。

一、切实加强党的建设，确保教育系统和谐稳定

1. 加强教育系统党的思想政治建设。按照中央和省委统一部署，组织开展“两学一做”学习教育，巩固深化“三严三实”专题教育成果，切实增强全体党员和领导干部的政治意识、大局意识、核心意识、看齐意识，确保全省教育系统思想统一、政治团结、行动一致。

2. 切实加强和改进高校党的建设。认真贯彻落实中共中央办公厅《关于坚持和完善普通高等学校党委领导下的校长负责制的实施意见》（中办发〔2014〕55号）和我省实施办法，配合教育部、省委组织部专项督查党委领导下的校长负责制落实情况。严格程序、严肃纪律，完成好部分高校党委换届选举工作。指导高校科学制订领导班子和领导成员任期目标，确保任期制的顺利推行。严格落实并不断完善党建工作责任制，落实高校基层党组织书记抓党建述职制度。实施高校教师党支部书记“双带头人”培育工程，选优、育强、用好党支部书记。认真贯彻《山西省高等学校学生党员工作实施细则》，进一步规范高校发展党员工作。筹备召开全省高校党建工作会议和全省高校统战工作会议。

3. 持续抓好党风廉政建设和反腐败工作。督促各高校和厅直属单位抓好“两个责任”落实。按照“一案双查”的要求细化责任追究。健全责任分解、检查监督、倒查追究的完整链条，对责任追究典型案件进行通报曝光。探索在高校各基层党组织设置纪检监察专员，推进建立与有关市县纪检、检察机关合作办案机制。抓好重要岗位关键环节监督执纪问责，畅通民主监督渠道，重点调查处理高校违反六大纪律、中央八项规定精神的案件和损害师生利益的违纪案件。

4. 加强干部队伍和机关自身建设。加强厅机关干部队伍和直属单位领导班子建设，积极做好干部选拔任用工作，从严管理监督干部，推进考核常态化。进一步加强厅党组中心组理论学习和干部职工学习教育。加大培养培训力度，提高厅机关公务员素质。开展纪念建党95周年活动，组织优秀基层党组织、优秀党务干部和优秀党员评选表彰活动。加强基层党组织建设，持续抓好支部书记“一岗双责”落实，进一步提升党建工作质量和“六型机关”创建水平。加强机关文化和精神文明建设，开展读书月、书画摄影展等文体活动。大力开展廉政教育和作风纪律教育，举办“道德讲堂”系列教育。做好离退休人员服务管理和关心下一代工作。

5. 切实维护校园安全和系统稳定。加强各级教育行政部门和校园安全能力建设，推进中小学安全“三化三建设”和高校安全“七化建设”。进一步健全校内安全防范机制，建立人防、物防、技防相结合的立体防范体系。继续深化“平安校园”创建活动。建立完善教育舆情处置和通报工作制度，加强教育防灾减灾能力建设，提升学校后勤保障和管理工作水平。

二、优化教育结构布局，促进各级各类教育协调发展

1. 大力发展学前教育。继续实施第二期学前教育行动计划。新改扩建200所农村幼儿园。开展普惠性民办幼儿园认定和奖补工作，扩大公益性普惠性学前教育资源覆盖面。制定并落实新建城镇小区配套建设幼儿园政策，努力满足城镇新增人口入园需求。认真落实《幼儿园工作规程》，加强幼儿园规范管理，深化保育教育改革，防止和纠正幼儿园教育“小学化”。继续推进优质幼儿园帮扶工作，缩小园际差距。持续整治无证幼儿园。

2. 推进义务教育均衡发展。确保再有28个县（市、区）通过国家义务教育发展基本均衡督导评估认定。继续推进“全面改薄”工作实施，确保项目县所有学校办学条件如期达到国家底线要求和我省义务教育学校办学基本标准。加快义务教育学校标准化建设，今年力争再有20个左右县（市、区）通过义务教育学校标准化建设省级督查。启动《义务教育学校管理标准（试行）》省级试点。认真落实《关于积极推进义务教育办学模式改革的指导意见》，指导各市制订推进方案和具体办法，大力推进教育联盟、集团化办学、学区制管理、对口帮扶等多种办学模式改革。扎实推进全省教育脱贫工作。

3. 推进普通高中特色发展。推进高中办学条件标准化建设，改善办学条件，力争完成60%以上的建设任务。加快推进高中教育教学改革，研究制订“十三五”时期推进高中教育事业改革发展的意见。规范高中学校办学行为。推进高中多样化发展，创新高中育人模式，鼓励高中学校结合实际办出特色。

4. 加快发展现代职业教育。加快落实职业院校办学条件达标计划、县级职教中心建设计划、骨干示范职业院校建设计划、实习实训基地（重点专业）建设计划和“双师型”教师队伍建设计划，进一步加强职业教育基础能力建设，深入推进产教融合、校企合作，深化人才培养模式改革创新。认真实施“职业院校管理水平提升行动计划”，推动职业院校进一步提高管理水平。认真实施“高等职业教育创新发展行动计划”，建立高职院校人才培养质量诊断与改进制度。做好中等职业学校办学资质清查工作，推动中等职业学校布局结构调整。完善中、高职专业设置动态调整机制，培育一批我省转型发展急需的紧缺专业。认真落实中职免学费政策，努力扩大职业院校招生规模。认真办好全省职业院校技能大赛和文明风采竞赛，办好职业教育活动周。

5. 推动高等教育内涵式发展。启动实施山西省高等教育振兴行动计划。完成院校设置规划编制，研究制订《山西省高等学校设置“十三五”规划》。完成山西能源学院、山西警察学院审批。推动落实高校自主权和省级统筹权。加强高校教学质量保障体系建设。启动本科院校向应用型转变试点工作，推进省市共建，建设一批服务当地经济社会发展的专业。重点支持20个左右优势专业建设项目，150项左右省级教学改革创新项目，200项左右大学生创新创业训练计划项目。认真实施高等学校“131”领军人才工程和“三晋学者”支持计划，加大高校高层次人才以及团队的引进和培养力度。

6. 加强高校学科建设、学位管理和研究生教育。组织实施“优势学科攀升计划”和“服务产业创新学科群建设计划”，遴选支持8—10个优势学科冲击国内一流学科；遴选支持10—12个直接服务产业创新的学科群，培育2—4个引领学校转型发展的学科群。推动专业学位研究生课程改革，系统设计、整体优化课程体系，建立专硕教学案例库。创新研究生培养模式，加强研究生联合培养基地建设，以行业产业需求为导向，支持高校与部门、行业企业、科研院所建立联合培养研究生基地。

7. 加强高校科技创新工作。大力推进实施山西省高校协同创新中心建设计划，加强高校科技创新平台建设。继续培育和建设一批人文社科重点研究基地。继续实施山西省高等学校创新人才支持计划，培育和建设一批优秀创新群体，凝聚和培养一批高水平的研究开发人才队伍。推进高校智库建设，带动高校社会服务能力的整体提升。推动高校校办产业健康发展。

8. 积极推进继续教育。规范成人高等学校和民办学校的办学行为。积极推进现代民办学校制度建设，促进民办教育规范高质量发展。开展多种形式的农村劳动力实用技术培训，全省完成200万以上人次的实用技术培训任务。做好职工教育工作，完成职工继续教育1万人次以上的培训任务。积极推进社区教育工作，完成600万人次的社区教育培训任务，完成3 000个学习型组织创建任务。

三、落实立德树人根本任务，促进学生全面发展

1. 抓好大学生思想政治教育。贯彻实施《中共山西省委办公厅　山西省人民政府办公厅关于进一步加强和改进高校宣传思想工作的实施意见》，研究制订高校党委意识形态责任制实施办法。做好2016年度大学生思想状况调研工作，研究制订我省加强新时期大学生思想政治教育工作意见。推进落实省领导联系高校及上讲台开展思想政治教育工作制度。深化思政课教育改革，完善集体备课制度。加强辅导员队伍建设。继续实施我省高校宣传思想队伍建设五年培训规划，完善高校心理健康教育工作体系。推进高校宣传媒体与网络新媒体的深度融合，建设好主题教育网站和微信公众平台。

2. 加强中小学德育工作。推进中小学德育工作精细化改革，进一步完善德育评价机制。出台《山西省中小学文明校园评估细则》，开展文明校园创建活动。发挥课程德育功能，开展“学科渗透德育精品课程”展示活动。加强学生心理健康教育工作，改版升级学生心理健康教育网站，开展心理健康教育专家巡讲活动，做好心理健康教育专职教师培训工作。抓好青少年校外活动场所

建设，推动校外教育与校内教育有效衔接。

3. 做好学校体育卫生和国防教育工作。全面开展青少年校园足球活动，出台《关于加快发展青少年校园足球的实施意见》，研究制定支持政策，将校园足球纳入教育督导体系。深入推进学生阳光体育活动，丰富大课间和课外体育活动的形式和内容，保证学生每天一小时校园体育活动，推动“体育艺术2+1项目”和“一校一品”工作的开展。做好学校突发公共卫生事件防控工作，加强学校控烟健康教育，做好义务教育阶段学校在校生常规健康体检。做好高校和高中阶段学生军训工作。加强高校军事教研室机构建设和军事教师队伍建设，推进精品军事课程建设。

4. 加强学校艺术教育工作。制订《关于全面加强和改进学校美育工作的实施意见》。积极筹备参加第五届全国中小学生艺术展演活动。继续开展高雅艺术进校园活动，组织全国高校艺术教育专家到我省高校讲学。做好农村学校艺术教育实验县工作。抓好中华文化艺术传承学校与基地建设，推动学校的特色发展。认真开展中小学和中等职业学校学生艺术素养测评工作。督促各高校落实学校艺术教育发展年度报告制度和艺术教育工作自评公示制度。

5. 推进语言文字工作。继续做好中国语言保护工程山西汉语方言有声资源库建设的调查和验收工作。加大农村普通话普及工作力度，推进乡镇、社区语言文字规范化建设。加强语言文字法制建设，强化重点行业领域监管。研究制订《山西省语言文字督导评估办法》。积极开展中华经典诵、写、讲活动，做好第四届中国汉字听写大会山西参赛队伍的选拔工作。

四、全面深化改革开放，汇聚教育发展动力

1. 深化教育综合改革。制订全省教育综合改革方案，分别出台山西大学、太原理工大学、山西农业大学3所大学综合改革试点实施方案，启动高等教育综合改革试点。制订高等学校新型智库建设推进计划。

2. 稳步推进考试招生制度改革。做好义务教育免试就近入学、优质高中

招生指标按比例合理分配到区域初中学校工作，全面实施高中招生阳光工程。研究制订关于深化高中阶段学校考试招生制度改革的实施意见。出台《山西省深化考试招生制度综合改革实施方案（试行）》《山西省高等职业教育考试招生制度改革方案》《山西省关于普通高中学业水平考试的实施办法》《山西省关于普通高中学生综合素质评价实施办法》，完善相关配套文件。

3. 深化教育行政审批制度改革。深入推进“六权治本”，实行权力清单制度，严格教育行政执法，规范行政审批行为，建立权责明确、行为规范、程序正当、监督有效的教育行政执法机制。

4. 继续扩大教育对外开放。认真贯彻落实中央全面深化改革领导小组《关于做好新时期教育对外开放工作的若干意见》，组织实施国家公派出国留学“地方合作项目”，做好国家公派、省筹资金资助出国留学项目申报工作，规范自费出国留学中介服务管理。拓宽吸引留学生渠道，实施来晋留学政府奖学金项目。出台筹办外籍人员子女学校等有关规定。加强中外合作办学，建立合作办学项目评估机制，建立健全合作办学质量保障体系。鼓励我省高校和国外高水平大学开展校际交流，推动与港澳台地区的教育合作交流，推进海外孔子学院建设。

5. 提升教育经费保障与管理水平。督促各地依法落实教育经费法定增长，建立健全教育投入长效机制。统一城乡义务教育学校生均公用经费基准定额，建立城乡统一的分项目、按比例分担的义务教育经费保障机制，推动实行“两免一补”和生均公用经费基准定额资金随学生流动可携带。推进制订学前教育、普通高中、中等职业学校生均公用经费财政拨款基本标准，逐步建立与财力状况、办学需求和物价水平联动的稳定增长机制。加大教育经费使用监管力度，推动财务信息公开。规范教育收费治理，完善非义务教育阶段成本分担机制。

五、促进教育共享发展，增加人民群众获得感

1. 推进基础教育资源均衡配置。研究制订关于新型城镇化背景下保障适龄儿童少年接受义务教育工作方案。组织各地统筹城乡发展的趋势和城镇化建设要求，科学编制城镇中小学、幼儿园建设专项规划，重点在城市发展新区、功能区等学位紧缺地区增加教育设施，满足本地区适龄学生就近接受教育的需求。

2. 提升教师队伍素质。落实《山西省乡村教师支持计划实施办法》。实行中小学教师“县管校聘”管理改革，继续推进县（区）域内义务教育学校校长教师交流轮岗。做好教育部“三区人才支持计划”教师专项计划工作。认真组织教育行政干部、中小学校长、骨干教师提高培训和高校教师岗前培训工作。继续推进高校、中等职业学校和中小学教师职称评聘改革。做好21个集中连片贫困县乡村教师生活补贴发放工作，落实原民办代课教师教龄补贴发放政策。做好免费师范毕业生就业安置工作，确保农村义务教育学校特设岗位计划实施到位。

3. 做好学生资助工作。继续落实好已经出台的各级各类教育奖助学金资助工作。制订出台《山西省生源地助学贷款管理办法》，加强校园地和生源地助学贷款还款催收工作。加大宣传力度，确保资助政策家喻户晓。

4. 支持特殊教育发展。认真落实特殊教育提升计划（2014—2016年）。做好残疾儿童少年随班就读工作，积极开展义务教育阶段适龄重度残疾儿童少年送教服务工作。落实好残疾儿童少年“一人一案”，提高残疾儿童少年义务教育普及率，确保到2016年底，适龄视力、听力、智力残疾儿童少年义务教育入学率达到90%。

5. 促进高校毕业生就业创业。认真落实省政府关于毕业生就业的各项帮扶政策，开展针对性的就业援助活动。积极推动政府拿出更多的基层公共服务岗位、见习岗位用于吸纳毕业生就业。积极挖掘岗位需求信息，组织举办各级

各类招聘活动。扎实开展毕业年度大学生创业培训工作,加强创新创业教育,积极开展创业实践活动。加强毕业生就业教育,确保毕业生安全文明离校,做好离校未就业毕业生就业服务工作。

6. 加快推进教育信息化。持续推进“三通”建设,提高校园宽带网络接通率,增加“班班通”设施配备并推进应用,加强“网络学习空间人人通”的建设与应用。推进省级数据中心建设,实现管理系统部署到位。加强省级教育资源公共服务体系建设,共享优质教育资源。开展“一师一优课,一课一名师”活动,普及信息化教学常态应用。加强高校信息化建设,开展高校间技术协作和信息资源共享。

六、深入推进依法治教,提高教育治理能力

1. 做好教育事业“十三五”规划编制工作。召开全省本科院校“推动内涵发展、提升‘三个能力’建设”主题研讨会。出台山西省教育事业第十三个五年规划,启动实施“十大重点工程”。指导各高校、各市制订教育事业“十三五”发展规划。

2. 积极推动教育立法工作。开展职业教育、学前教育和校园安全等方面立法调研。根据教育部相关改革进度安排,研究制订关于健全中小学安全风险防控机制的意见。做好规范性文件审查备案工作,建立健全法律顾问制度,积极探索建立在法治框架内的多元化矛盾纠纷解决机制。

3. 进一步完善各类学校依法治理机制。制订印发关于加强全省中小学章程建设工作的意见,启动中小学章程制订和核准工作。全面完成所有高校章程制订和核准工作,推动建立章程执行与监督评价机制。开展依法治校示范校创建活动,探索和健全依法治校评价体系和考核办法,促进学校内部治理现代化。全面推进依法统计,全面提升教育事业统计数据质量。

4. 大力推进法治教育、宣传和培训工作。开展学习宪法活动,增强教育行政干部和广大师生员工的宪法意识。深入学习贯彻教育部《依法治教实施纲

要（2016—2020年）》，制订我省实施规划。研究制订“七五”普法规划，加强教育系统法治宣传。开展全省教育系统法治理念、法治思维和法律知识的学习培训和依法治校培训工作。开展校长教师法治培训工作，提高依法治校、依法执教的能力。

5. 加强教育督导。建立完善市、县政府履行教育职责评价制度、市级教育行政部门目标管理考核制度，启动全面改善贫困地区义务教育薄弱学校基本办学条件专项督导，持续做好县级职教中心达标和教研室标准化建设评估验收。开展全国中小学责任督学挂牌督导创新县（市、区）创建工作。建立中小学校管理评价制度，加大对规范办学行为的监管和查处力度，督导高等学校科技创新、创新创业和教师培训工作，做好学位论文抽检和作假行为查处工作。加强对中小学校素质教育评估，配合国家做好全国义务教育质量监测工作，启动我省义务教育质量监测工作，分类开展职业院校和本科院校评估。扎实做好国家和我省实施教育重点领域、重大政策、重大项目落实情况的专项督导。

山西省教育厅、山西省科技厅
关于促进高等院校科技成果转化的若干意见

晋教科〔2016〕1号

各高等院校：

为全面贯彻《中华人民共和国促进科技成果转化法》，认真落实全省科技创新推进大会精神和省委、省政府《关于实施科技创新的若干意见》，推进我省高等院校科技成果转化体制机制改革，充分调动高校科技人员创新创业的积极性，全面提升我省高校科技创新能力,促进高校科技成果转化应用，发挥科技进步和创新对加快转变经济发展方式的支撑作用，形成创新驱动发展新局面，推动我省经济社会发展，特提出以下意见。

1. 改革高等院校科技成果的处置、使用方式。高校可自主决定采用转让、许可或者作价投资等方式开展科技成果转移、转化活动。授予高校研发团队或成果完成人科技成果的使用权、经营权和处置权。职务科技成果完成人和参加人在不变更科技成果权属的前提下，可根据与本单位的协议进行该项科技成果的转化，并享有协议规定的权益。涉及国防、国家安全、国家利益和重大社会公共利益的科技成果转化，以及科技成果向境外实施转化，依照相关法律法规规定管理和实施。

2. 深化高等院校科技成果收益分配改革。高校科技成果转化所获得的收益全部留归本单位，纳入单位预算，实行统一管理，处置收入不上缴国库。高校研发团队在晋实施科技成果转让、许可他人实施的净收入，可按不低于70%的比例，用于对研发团队或成果完成人的奖励和报酬，其余部分统筹用于科学技术研究开发与成果转化等相关工作。科技成果转化所获收益用于人员奖励和报酬支出的部分，经批准可一次性计入当年高等院校工资总额，但不纳入工资总额基数。

3. 建立高等院校科技创新成果转化项目储备制度。支持高校加强自身科技研发能力建设，统筹高校科研发展规划和成果项目资源，定期对符合条件的拟研、在研科技创新和成果转化项目进行考核评估，选择一批符合我省科技创新和经济社会发展需要的重大科研和成果转化项目，纳入高校科技项目储备库进行跟踪支持。

4. 改革创新高等院校科技成果评价机制。高校要建立符合科技成果转化工作特点的职称评定、岗位管理和考核评价制度。评价体系要突出中长期目标导向，评价重点从研究成果数量转向研究质量、原创价值和实际贡献。将科技成果转化情况作为对研发团队或成果完成人进行科研项目立项、资金支持和绩效考评的重要内容和依据，并对科技成果转化绩效突出的加大科研资金支持。

5. 建立健全高等院校科技成果转化服务体系。高校要健全科技成果转化的工作体系和管理机制，加强对科技成果转化的管理、组织和协调，加强科技成果转化管理服务队伍建设，在人力、财力、物力等方面支持科技成果对接市场并给予经费支持。高校应优化科技成果转化流程，建立科技成果转化、技术转移工作机构，或者委托独立的科技成果转化服务机构开展技术转移，并安排相应的工作经费。支持高校设立科技成果转化岗位，并在人员编制、职称等方面给予支持，该岗位以科技人员实施科技成果转化的工作绩效为主要指标进行考核。

6. 支持和鼓励高等院校科技人员创新创业和成果转化。大力激发高校科技人员创新创业积极性，允许和鼓励高校科技人员创新创业。经高校同意，科技人员离岗转化科技成果、在晋创办科技型企业的，3年内保留其原有身份、职称、人事关系，档案工资正常晋升。允许和鼓励高校科技人员在完成本职工作任务前提下在职创业，其收入归个人所有。

7. 推动高等院校科技成果的社会开放和共享。鼓励高校与研发机构、企业及其他组织采取联合建立研究开发平台、技术转移机构或者技术创新联盟等产学研合作方式，共同开展科技研究开发和成果应用推广等活动。支持高校重点针对我省高新技术产业、战略性新型产业、重点支柱产业的重大关键核心技术问题和重大战略需求，组建协同创新中心和联合攻关团队，以山西急需、国内一流为导向，以重大创新任务为牵引，产出重大技术装备、技术体系以及系统解决方案，大力推进科研成果向现实生产力转化。鼓励高校创新平台向企业和社会开放，并提供联合研发、委托研发等技术服务。

8. 各高等院校要根据本意见制订具体实施细则。

山西省教育厅　山西省科技厅

2016年1月20日

山西省教育体制改革领导小组
关于印发《山西省深化教育领域综合改革的意见（2016—2020年）》的通知

晋教改〔2016〕1号

各市人民政府，各高等学校，省直各有关厅局：

现将《山西省深化教育领域综合改革的意见（2016—2020年）》印发给你们，请认真贯彻落实并遵照执行。

山西省教育体制改革领导小组

2016年12月16日

山西省深化教育领域综合改革的意见

（2016—2020年）

为深入贯彻落实党的十八大和十八届三中、四中、五中、六中全会精神，着力破解制约当前我省教育事业科学发展的体制机制障碍，解决人民群众关注的教育热点难点问题和突出矛盾，促进教育公平发展和教育质量提升，为塑造山西美好形象、实现山西振兴崛起提供人才和智力支持，现就深化我省教育领域综合改革提出如下意见。

一、以立德树人为根本，深化人才培养模式改革

1. 创新社会主义核心价值观教育方法和渠道。深入推动社会主义核心价值观进教材进课堂进头脑，把社会主义核心价值观、中华优秀传统文化有机融入各级各类学校教育全过程。探索学校德育一体化，将德育渗透于学校工作的各个环节，贯穿于学校教育、家庭教育和社会教育的各个方面。探索教育系统诚信体系建设，将学生在校品行表现纳入学生毕业综合考核。将法治教育纳入国民教育体系，在中小学设立法治知识课程，促进大中小学法治教育有序衔接。充分发挥教师言传身教、行为引导的作用，强化示范引领效应。

2. 深入推进中小学课程和教学改革。坚持以学生发展为中心，以落实国家规定教学要求为基本，深化课程和课堂教学改革，不断提升课程建设能力和课程实施水平，着力增强学生的社会责任感、法治意识、创新精神和实践能力。改进教学方式，努力形成以问题设计为关键、自主学习为基础、探究合作为核心、展示交流为特征的新教学模式。创新育人模式，建立学生团队活动体系，引导学生自主管理。建立全省中小学教育质量综合评价标准，完善中小学综合素质评价的科学方法和基本程序，坚决扭转和纠正单纯以考试分数和升学率评价教育的倾向。创设信息化学习环境，促进信息化手段与教育教学活动深度融合，开展数字网络环境下学习方式变革试验，提升学生信息素养。

3. 加强学校体育、美育和心理健康教育。坚持健康第一，大力改善学校体育、美育和心理健康教育条件，全面提升学生综合素质。将体育作为教育质量监测和教育评价的重要内容。全面实施《国家学生体质健康标准》，健全学生体质健康监测评价机制。广泛开展青少年阳光体育运动，保证学生在校每天锻炼不少于一小时。推动中小学校园足球特色学校建设，重点扶持高等学校建设高水平足球运动队，建设3个省级青少年足球训练基地和11个校园足球试点县（市、区）。启动中小学学生艺术素养测评工作，改革学生艺术素养和学校美育工作评价办法，组织开展好高雅艺术进校园活动，提高学生的艺术素养、

审美情趣和道德情操。加强心理健康教育，完善学校心理健康教育体系，促进学生身心健康。加强学校语言文字工作，优化语言文字环境。

4. 创新职业教育人才培养模式。加快现代职业教育体系建设，深化产教融合，完善职业教育人才多样化成长渠道，多种形式促进中职与高职衔接、职业教育与普通教育相互沟通。以培养应用型人才为导向，引导支持一批普通本科高等学校向应用型转变，鼓励独立学院先行先试，培养高层次应用型、技能型人才。加大高职高专院校政策扶持力度，采取混合所有制、民办制、托管制等方式，积极探索高职院校办学新模式。加强工学结合，完善顶岗实习制度，多种机制建设生产性实训基地，开展校企联合招生、联合培养的现代学徒制试点。通过落实税收优惠政策、政府购买服务等方式，鼓励引导行业企业深度参与举办职业教育，建立推动校行协同发展的配套机制。积极推行“双证书”制度，将相关课程考试考核与职业技能鉴定合并进行。实施职业教育“双师型”教师队伍建设计划，打通企事业单位和社会自由职业者到校任教的政策通道。

5. 加强高等教育布局结构调整和学科专业建设。加强统筹规划，推进我省空白科类本科院校建设，推动独立学院规范发展。优化本科院校层次结构，引导高校错位发展、特色发展，重点支持山西大学、太原理工大学建设成为国内一流大学；以需求和问题为导向，支持其他具有博士学位授予权的本科院校建设成为国内有特色的高水平大学。强化本科高校学科专业建设，实施“优势学科攀升计划”，力争有1至2个一级学科进入国家一流学科行列。实施“高校哲学社会科学繁荣计划”，加强马克思主义学科建设，加大对哲学社会科学经费的投入，以高校人文社科重点研究基地建设为抓手，加快发展具有重要现实意义的新兴学科和交叉学科，打造具有中国特色的哲学社会科学学科体系，提升高校哲学社会科学学科建设水平和社会服务能力。围绕山西经济发展重大需求，实施“服务产业创新学科群建设计划”，分类别制订高校理工类学科布局和发展规划，形成一批直接服务山西经济社会发展的高水平理工类学科集群。

建立专业动态调整机制，积极支持与我省支柱产业、新兴产业直接相关的专业建设和发展，建设一批具有国内领先水平的本科优势专业。

6. 提升高等教育科研水平和人才培养质量。实施“高等学校创新能力提升计划”，大力加强高校重点实验室、工程技术研究中心等创新平台基地建设，分层次培育和建设20个左右的“山西省协同创新中心”。积极融入山西转型综改示范区建设，深入推进国家大学科技园等技术创新基地建设，形成以高校师生为创新主体的科技企业集群，加快科技成果转化。积极实施人才工程，构建种类齐全、梯队衔接的高校哲学社会科学人才体系。构建哲学社会科学研究创新平台体系，重点建设一批人文社会科学研究基地、专题数据库、实验室和高水平智库，依托高校优势学科开展资政服务工作。推进“互联网+”计划，协同合作共建高校新校区人才培养共同体、教师教育联盟、本科院校应用型人才培养合作联盟、专业对口帮扶发展协同发展建设项目等本科人才培养合作平台，推动优质教学资源建设与共享。重点开发一批本科网络在线开放课程，集中打造一批本科优秀教学团队，遴选支持一批教学改革创新重点项目，支持开展一批大学生创新创业训练项目。搭建省级研究生创新实践平台，建设一批研究生联合培养基地。

7. 构建灵活开放的终身教育体系。开放高等教育学习资源，支持高校向社会有序开放科研设施，大力普及科学知识。建立数字化学习资源开放与在线教育联盟，探索资源共享、开放和服务的新机制，建设一批专业化在线资源研发基地。通过开放大学、在线学习、在校学习等多种方式，为多种形式学习创设方便途径。探索推动自学考试、开放大学与普通高校之间学分转换，形成职前与职后、正规教育与非正规教育、学历教育与非学历教育一体化的办学格局，拓宽终身学习通道。大力发展继续教育，建立和完善高校以学习者为中心的灵活开放的继续教育制度，鼓励企事业单位举办职工教育，推进社区教育，优化发展城乡社区老年教育，引导高校加快养老服务人才培养。加强农村成人继续教育，重视开展面向现役和退役军人的继续教育。

8. 落实和完善教师队伍建设政策措施。加快学前教育教师培养，重视特殊教育教师培养。创新乡村教师补充机制，大力推进乡村学校教师周转宿舍建设工程，提高乡村中小学教师待遇。完善县（市、区）域内中小学校长和教师轮岗交流机制和保障机制。建立符合职业教育特点的教师招聘和管理制度，公共基础课教师和专业课教师实行分类招聘、分类管理。以中青年教师和创新团队为重点，建设高素质高校教师队伍。实施“三晋学者”支持计划，培育一批在国内外有较高学术声誉、对优秀人才有较强凝聚作用的领军人物。加强民办学校教师队伍建设，健全民办学校教职工多层次社会保障机制。加强教师管理，实行师德一票否决制。加大教师培训力度，提高教师教育教学能力和水平。开展教师信息化教育教学培训，提高教师信息技术应用水平。

二、以均衡发展为目标，优化教育资源配置方式

1. 全面普及学前三年教育。深入实施学前教育行动计划，坚持公办民办并举，扩大公办幼儿园和普惠性民办幼儿园覆盖面。在城镇和城乡接合部改扩建和新建一批公办幼儿园，推进落实城镇新建住宅小区配套建设公办幼儿园或普惠性民办幼儿园。以公办园为主努力扩大农村学前教育资源，完善县乡村学前教育服务网络，建立起覆盖城乡、布局合理的学前教育公共服务体系。建立幼儿园办园基本标准，改善幼儿园办园条件。建立学前教育质量评估监测体系，坚决防止和纠正幼儿园教育“小学化”倾向。建立成本合理分担和运行保障机制，逐步完善幼儿教师可持续发展机制。建立优质幼儿园帮扶机制，着力缩小园际差距，稳步提升学前教育质量。

2. 完善农村义务教育发展机制。统筹推进县域内城乡义务教育一体化改革发展，加大教育资源向农村倾斜，全面改善贫困地区义务教育薄弱学校基本办学条件，加快缩小城乡校际教育差距。科学合理布局农村义务教育学校，办好必要的村小和教学点，保障学生就近上学。加强乡村小规模学校和乡

镇寄宿制学校建设，提高乡村教育办学水平。加快教育信息基础设施建设和教育资源开发利用，扩大优质教育资源在农村和贫困地区的覆盖面。加大“全面改薄”工作力度，推进农村义务教育学校标准化建设，目前，全省所有义务教育学校办学条件全部达到省定办学标准，所有县（市、区）通过国家县域义务教育基本均衡督导评估。

3. 优化城镇基础教育资源配置。顺应人口政策调整、新型城镇化进程加快、户籍制度改革新形势，积极推进义务教育供给侧改革，合理配置义务教育资源。优化城镇中小学校布局，落实城镇新建住宅小区配套学校建设，促进学校与住宅项目同步规划、同步建设、同步交付使用。做好城镇教育扩容，确保学位供给。适度调整城镇超大规模学校，实现城镇化与基础教育协调发展和良性互动。发挥优质学校辐射带动作用，推广集团化办学、名校办分校、委托管理、学区制管理、学校联盟、九年一贯制等办学形式，支持薄弱学校提高办学水平。

4. 大力保障公平受教育机会。加强义务教育控辍保学工作，完善工作机制，提高巩固水平。完善家庭经济困难学生资助政策，健全农村留守儿童关爱服务体系和女童保护措施，让贫困地区孩子都有机会接受公平、有质量的义务教育。建立以居住证为主要依据的随迁子女入学政策，进一步落实随迁子女在流入地参加中考高考的政策。建设教育资源公共服务平台，促进优质教育资源广泛共享。办好内地西藏班。建立保障不同类型残疾儿童少年接受义务教育体系，支持普通幼儿园创造条件接收残疾儿童，支持特殊教育学校、残疾儿童康复等机构，创造条件开展残疾儿童学前康复教育。加快发展以职业技能培养为主的高中阶段特殊教育，为残疾学生就业创业和继续深造创造条件。

三、以公平公正为导向，深化考试招生制度改革

1. 继续深化义务教育免试就近入学。建立健全划片合理、入学有序、阳光招生的义务教育免试就近入学制度。合理划定入学范围，有序确定入学对

象，规范办理入学手续，确保包括随迁子女在内的所有符合规定的适龄学生均能免试就近入学。全面推行和提高公办优质普通高中招生指标合理分配到初中学校的政策和比例。

2. 推进中等教育考试评价改革。建立健全初中学业水平考试制度，探索提高中考体育的分值权重，进一步推进初中学生综合素质评价。改进高中阶段学校考试招生方式，逐步建立基于初中学业水平考试成绩、结合综合素质评价的高中招生录取机制。中等职业学校实行注册入学。推动高职院校考试招生与普通高校相对分开。健全“文化素质+职业技能”、综合评价招生、技能拔尖人才免试等考试招生办法，为学生接受不同层次高等职业教育提供多种机会。

3. 深化高考综合改革。继续深化高考综合改革，建立基于统一高考和高中学业水平考试成绩、参考综合素质评价的“两依据、一参考”多元录取机制。高中学业水平考试覆盖国家规定的所有学习科目，强化考试管理。规范高中学生综合素质评价，建立规范的学生综合素质档案，全面反映学生德智体美发展情况。实行外语“一年两考”，将其中最好成绩计入高考总分，增加学生自主选择权。研究探索学业水平考试成绩和学生综合素质档案在高校招生录取使用办法。继续实行高考成绩公布后填报志愿方式，推行并完善平行志愿投档录取模式，增加高校和学生的双向选择机会。逐步取消高校招生录取批次。

四、改革管理体制和办学体制，激发教育发展活力

1. 健全政府统筹管理教育机制。省级政府坚持教育与经济社会发展同步规划、同步实施、同步考核，统筹各级各类教育协调发展，适度超前部署教育发展。统筹学位授权点动态调整，统筹规划和管理学科专业布局和质量监督。根据国家要求，自主确定成人高等教育和高职（专科）招生计划。进一步明确市、县（市、区）政府管理教育的职责和权限，落实政府规划、指导、服务、保障和监督职能，综合运用法律、标准、信息和必要的行政手段，引导和督促学校规范办学。严格控制针对学校的项目评审、教育评估、人才评价和检查

事项。

2. 扩大高校办学自主权。建立健全各部门统筹推进落实和扩大高校办学自主权的会商机制，依法明确和保障高校办学自主权。取消或修改束缚教学科研人员积极性创造性发挥的不合理规定，进一步扩大高校在考试招生、学科专业设置、人才培养、选人用人、科技研究与社会服务、成果处置、经费资产使用管理、薪酬分配、设备采购、国际交流合作等方面的自主权。落实完善支持教学科研人员创业创新的股权期权激励等相关政策，促进科技成果转化，为教学科研人员从事兼职创业积极创造宽松条件。坚持社会主义办学方向,加强党对高校的领导。加快建立高校章程建设与执行机制，完善高校法人治理结构，积极推进中国特色现代大学制度建设。落实党委领导下的校长负责制，明确党委集体领导的议事规则与决策程序。推进以学术委员会为统领的高校学术组织建设。完善教代会、理事会等组织建设，改进高校共同治理方式。

3. 鼓励社会力量兴办教育。鼓励社会力量多种形式进入教育领域，通过独立举办、共同举办等方式，多种途径扩大教育资源，提供多样化教育服务。建立和完善民办教育公共财政补贴、购买服务、助学贷款和奖励激励制度。探索对营利性和非营利性民办学校实行分类管理，研究制订分类管理办法。进一步完善民办高校督导专员制度。完善民办学校法人治理结构，建立健全内部决策、执行和监督机制，引导民办学校规范办学。

4. 提高教育对外开放水平。加强对自费出国留学中介机构的监管和引导。充分发挥来晋留学政府奖学金作用，扩大来晋留学规模。开展本专科中外合作办学评估，加强高中中外合作办学机构和项目的规范管理。鼓励有条件的高校赴境外办学，积极参与“一带一路”国家、发展中国家的教育培训服务。鼓励高校与国（境）外高水平大学合作举办二级学院、共建研究机构，支持开展教师互派、学生互换、学分互认和学位互授联授以及教学科研合作，努力拓展人文交流。深入推动与港澳台地区的教育合作交流。推进海外孔子学院建设，充分发挥孔子学院综合文化交流平台作用。

5. 完善教育经费投入和管理机制。落实财政教育投入责任，各级政府把教育作为财政支出重点领域予以优先保障，依法确保财政教育投入稳定增长。研究制订普通高中、中等职业学校和学前教育生均经费标准和生均财政拨款标准。完善非义务教育阶段政府投入为主、受教育者合理分担、其他多种渠道筹措经费的投入机制。建立学费标准动态调整机制。落实对个人和企业捐赠教育的税收优惠政策。完善教育财务制度，加强预算和资产管理，健全监管体系，加大监督检查力度，提高经费使用效益。加强基础管理信息数据库建设，在各级各类学校推行“阳光财务”，每年在校园网向社会公开财务预算、决算执行情况。建立经费使用绩效评价制度，加强教育重大项目经费使用考评。

6. 提升依法治教能力和水平。加强教育法制建设，及时制定或修订完善相关法规、规章，坚持立改废并举，定期清理规章和规范性文件。建立规范性文件、重大决策合法性审查机制。加大执法检查力度，邀请人大代表、政协委员开展专项教育执法检查，促进法律、法规和规章的落实。推进依法行政，依法明确教育行政管理职权，加强教育行政“权力清单”和“责任清单”动态管理。坚持依法治校，建设法治化的学校治理机制和依法治校考核机制。在教育系统开展多种形式的法治宣传教育。

7. 深入推进管办评分离。进一步推进简政放权、放管结合、优化服务改革，加强事中、事后监管，减少政府对学校办学的微观干预。改进评审评估评价和检查方式，落实学校办学主体地位，激发学校办学活力。强化教育督导，建立省、市、县统一规范的三级教育督导机制，依法健全督政、督学、评估监测三位一体的教育督导体系。充分发挥专业学会、行业协会等社会组织作用，加快扶持培育专业教育评价机构。引入竞争机制，推行政府购买服务，鼓励和支持相对独立的专业机构开展评估。

各级政府要高度重视，加强对教育领域综合改革的组织领导，将深化教育领域综合改革纳入重要议事日程。各有关部门要积极参与、关心和支持教育综合改革，增强改革的系统性、整体性和协调性。各新闻媒体要合理引导社会各界改革预期，营造改革创新的良好氛围，确保教育综合改革积极稳妥推进。

第五章　大事记

本章纲目

- □ 重要会议
- □ 领导关怀
- □ 教学科研学位
- □ 学术交流
- □ 学子风采
- □ 社会服务

重要会议

——3月1日，我省本科院校“推动内涵发展，提升‘三个能力’建设”主题研讨会在太原理工大学明向校区召开。23所本科院校围绕科学谋划“十三五”发展作了交流发言，省委副书记楼阳生、副省长张复明出席并讲话。研讨会由省教育厅厅长主持，全省23所普通本科高校党委书记、校长和教育厅领导班子成员及相关处室负责同志参加了会议。

——3月11日上午，省教育厅、高校工委召开2016年度全省教育工作会议暨教育系统党风廉政建设会议。会议回顾总结了“十二五”期间特别是党的十八大以来的全省教育工作和党风廉政建设工作，明确“十三五”全省教育改革发展思路、目标和任务，安排部署2016年工作。教育厅厅长作工作报告，王晓鹏安排部署教育系统党风廉政建设工作，张卓玉主持会议。

——4月21日，山西省教育厅组织召开了“山西省教育厅推进高校六权治本工作研讨会”，省高校工委副书记张培良主持会议，省教育厅副厅长李青山，山西大学、山西医科大学、太原师范学院等6所高校书记，省委法治办负责人，教育厅相关处室负责人出席了会议。

领导关怀

——6月14日下午，省委书记王儒林一行深入山西农业大学，就农业科技创新为山西脱贫攻坚服务进行调研。高校工委书记、教育厅厅长陪同调研。

——7月26日下午，省长李小鹏在山西农业大学微藻燃油中试基地调研。他强调，要深入贯彻落实习近平总书记系列重要讲话精神，大力推动能源科技创新、深化煤炭供给侧结构性改革，加快实现黑色煤炭绿色发展、高碳资源低碳利用、煤炭行业脱困发展。省教育厅副厅长李青山参加调研。

——8月25日上午，教育部副部长、党组副书记杜玉波为全省高校深化“两学一做”暨领导干部素质能力提升研讨班作专题报告。省委组织部副部长、省委党建办主任陈学东，省委党校常务副校长王联辉出席报告会，省高校工委书记、省教育厅厅长主持报告会。

—— 11月29日上午，教育部副部长林蕙青深入山西大学和太原理工大学调研。

教学科研学位

——1月18日，中央电视台新闻频道《朝闻天下》栏目专题报道了山西医科大学分子影像精准诊疗协同创新中心在汾阳医院开展的一县一科分子影像精准诊疗体系的运行情况。报道说，山西省从今年开始积极构建分子影像精准诊疗体系，以此来提升基层医院的精准诊疗水平，汾阳医院作为最早加入分子影像精准诊疗体系平台的医院，得到了平台的技术支持，不仅医生护士得到了免费培训，患者的检查结果也能第一时间发到平台，与省城的专家共同会诊和治疗。

——4月，先进材料学科顶级期刊*Advanced Functional Materials*（影响因子11.8）在线发表了山西大学晶态材料研究所教师范修军的学术论文*Carbon-based Composite as an Efficient and Stable Metal-Free Electrocatalyst*（《碳基纳米材料作为高效、稳定的非金属电催化剂》），详细介绍了晶态材料研究所在非金属先进电催化剂的合成与应用方面的研究成果。

——6月，以山西大学语言科学研究所所长、长江学者乔全生教授为首的晋方言研究团队中的骨干成员王为民教授在SSCI和A&HCI双料期刊*Journal of Chinese linguistics*发表重要研究性论文*On the relationship between acute-grave divergence of han rhyme in northern Song dynasty and separation of hanshan and huanhuan rhymes of northern dialects in Yuan dynasty*（《北宋寒韵系字的锐钝分化与元代北方方言“寒山”与“桓欢”分韵之间的关系》）。该文从历史文献和现代晋语出发，证明元代北方方言“寒山”与“桓欢”分韵是北方方言一二等合并历史演变中的必然一环，这一演变肇自北宋时期的《集韵》和《皇极经世声音倡和图》，其表现形式就是“寒韵系字的锐钝分化”。该文从理论和现代方言事实上证明了这个争论了100多年的近代汉语语音史问题。这是继王为民教授获得国家社科基金重点项目《现代晋语的形成及其与宋元通语和唐五代宋西北方音之间的关系研究》（16AYY010）之后的又一标志性成果。这一成果实现了山西大学中文学科SSCI和A&HCI零的突破。

—— 6月25日20时，由中国运载火箭技术研究院总研制的我国新一代中型运载火箭——“长征七号”火箭在海南文昌发射场点火升空，拉开了我国载人航天工程空间实验室任务的序幕。中北大学共6大类20项产品助力此次“长征七号”运载火箭发射升空。

——9月22日，在国家自然科学基金重点项目等的资助下，山西师范大学许小红教授科研团队与中国科学技术大学张振宇教授科研团队经过多年的合作努力，提出一种基于电荷补偿型n-p共掺方案在铁磁性拓扑绝缘体中实现高温量子反常霍尔效应的新思路。该成果于2016年7月27日以*High-temperature Quantum Anomalous Hall Effect in n-p Codoped Topological Insulators*（《在n-p共掺的拓扑绝缘体中实现高温量子反常霍尔效应》）为题在Phys. Rev. Let上发表。论文链接：http://journals.aps.org/prl/abstract/10.1103/PhysRevLett.117.056804。

——10月9日，山西大学特聘教授、省百人计划专家、意大利科学院光学研究所奥托斯拓·史密茨教授与理论物理研究所李卫东教授合作的多粒子纠缠判据的研究工作*Witnessing Entanglement without Entanglement Witness Operators*以直接投稿方式被美国国家科学院院刊*The Proceedings of the National Academy of Sciences USA*（*PNAS*）接受。量子通信领域国际权威Anton Zeilinger教授是本文的推荐编辑，李卫东教授是该工作的唯一通讯作者。

——10月9日，山西大学陈安平教授发明的“游泳场馆游泳池循环水自动加药装置”获国家知识产权局实用新型专利，专利号：ZL201620009786.8。该专利经过近十年研发，填补了国际、国内游泳池场馆水质稳定、高效、节能加药的空白。目前，多家企业已主动对接并应用转化，发展前景良好。

——10月9日至11日，第十二届中国实验动物科学年会在广西南宁召开。来自中国、日本、荷兰、英国、澳大利亚等国内外著名专家学者参会并作精彩报告，各省相关领域代表700余人参加本次大会。山西医科大学宋国华教授主持完成的科研项目“中国地鼠线粒体基因组与微卫星遗传标记的研究”获中国实验动物学会科学技术奖二等奖，据了解，中国实验动物学会科学技术奖是经科技部批准设立的实验动物行业科学技术奖。

——10月22日，鸿儒金融教育基金会和山西财经大学共同主办颁奖典礼，授予山西财经大学孔祥毅教授2016年度“中国金融学科终身成就奖”。副省长张复明和鸿儒金融教育基金会名誉理事长、中国证券监督管理委员会首任主席刘鸿儒先生出席颁奖典礼并共同为孔祥毅教授颁奖。

——11月1日，《2016中国大学评价研究报告》发布最新2016中国大学最佳专业排行榜。太原理工大学名列2016山西省大学最佳专业排行榜榜首；我省共有4个专业荣获5星级专业，其中太原理工大学机械设计制造及其自动化专业、化学工程与工艺专业两个专业荣获五星级专业，办学层次达到世界知名专业，居2016山西省大学最佳专业排行榜榜首。

——11月12日至13日，第八届“高等学校信息技术创新与实践活动”（简称高校NOC活动）决赛在江南大学举行，太原理工大学斩获12项一等奖并被授予“组织工作突出贡献奖”，全国仅有3所高校获此殊荣。

——11月，从文化部传来喜讯，由太原师范学院舞蹈系青年教师赵洁编导、绛县文化馆打造的舞蹈《扫街》从全国舞蹈类参加决赛的21件作品中脱颖而出，获得全国第17届群星奖，这也是山西省唯一一个获得此项奖的作品。

——11月18日，山西大学分子科学研究所与美国科罗拉多大学化学系合作，在国际权威学术期刊德国《应用化学》发表超短铍—铍（Be-Be）键重要研究成果（Angew. Chem. Int. Ed., 2016, DOI: 10.1002/anie.201609455），实现了主族金属元素结构化学与成键理论的突破。分子科学研究所吴艳波教授、袁彩霞副教授、博士生赵雪锋和美国科罗拉多大学丹佛校区Xiaotai Wang（汪小泰）教授是文章的共同作者。

——12月8日，山西大学外国语学院退休教师、资深翻译家吴长福教授与张文郁教授在由中国俄语教学研究会、北京大学联合举办的“中国俄语教学研究会成立三十五周年纪念大会”上荣获“中国俄语教育杰出贡献奖”。两位教授是中国俄语学界前辈学者的杰出代表，是中国教育界俄语专业的宝贵财富，堪称学界楷模。

——12月8日，中北大学精密仪器及机械专业薛晨阳教授被选为教育部2016年度“长江学者奖励计划”中的特聘教授，成为2016年度我省唯一入选的长江学者。

——12月23日，山西省高新技术创业中心举行“资本+创领2017”火炬创业导师与创客对接活动。中北大学创新研究中心陈红教授获聘火炬创业导师。

学术交流

——4月，ACCA、CIMA项目相继落户山西财经大学，进一步拓展了该校财经类学生学习交流和创新创业的平台。ACCA即“特许公认会计师公会”，是全球最具规模的国际专业会计师组织。CIMA即“英国皇家特许管理会计师公会”，成立于1919年，是世界上最大的管理会计师专业组织，以知识机构严谨、所学内容实用、融汇财务与战略而著称。山西财经大学开设ACCA、CIMA项目，将为全校师生提供一个专注于国际高端财经知识的传播，致力于培养具备良好的社会责任意识、理性思考、不断追求进步、敢为天下先的复合型国际化人才的学习平台。

——5月12日，省教育厅厅长与赛伯乐中国投资创始人兼董事长朱敏一行进行座谈，教育厅副厅长王云、省商务厅副厅长张文、省工商联副主席梁荣、省总商会副会长谭慷等出席座谈会，厅机关有关处室负责人参加座谈。省教育厅厅长表示，希望赛伯乐集团关注我省高校创新创业教育领域，争取形成具有长远效益的教育合作项目，双方共同努力积极推动合作，促进山西教育事业发展。

——5月31日下午，省教育厅厅长会见美国爱达荷学院院长夏洛特·伯斯特（Charlotte Borst）女士等一行2人。座谈会上，厅长简要介绍了我省省情、教育概况以及我省高校国际合作交流情况。夏洛特·伯斯特女士表达了与我省高校开展校际交流、互派留学生以及青少年文化交流等方面的合作意愿。张文栋厅长表示，希望以夏洛特·伯斯特院长访问为契机，进一步推动我省高校与爱达荷学院的务实合作，深化省州间教育合作交流，促进山西省和爱达荷州友好省州建设。

——10月13日上午，山西高校与英国阿斯顿大学交流洽谈会在山西大学举行。来自山西大学、太原理工大学、山西农业大学、山西医科大学、山西师范大学、山西财经大学、中北大学、太原科技大学、山西中医学院和太原师范学院10所省内高校的校长、副校长和来自英国阿斯顿大学的副校长海伦·格瑞菲思教授一行6人就国际交流的合作模式、合作原则及各校的优势学科、合作领域、合作方式等进行了深入的交流，并与各高校签署谅解备忘录。山西省政协副主席李悦娥、省教育厅副厅长李青山出席，会议由省教育厅国际合作与交流处李易青处长主持。

学子风采

——7月11日至20日，“2016年全国高等院校空乘专业推介展示会”在北京举行。山西师范大学空乘专业代表队蝉联“全国高校空乘专业推介展示会”冠军。

——10月，在上海举办的第三届创青春全国青年创新创业大赛上，太原理工大学参赛项目《绿色高效煤粉燃烧器》获得创意组的全国第4名并捧得了银奖，创造了我省该项赛事的历史最好名次。

——10月20日，第四届中国大学生高分子材料创新创业大赛在青岛圆满落下帷幕。由山西大学环境科学研究所董川教授课题组研究生王成、刘英仁、马海涛、王慧萍组成的，刘付永老师指导的“奇材队”以参赛项目《新型环保水致褪色色料在固体写画材料中的应用》荣获大赛一等奖（共3支队伍），获得主办方提供的2万元创业基金和3年免费创业工位的使用权。

——10月21日至24日，太原理工大学学子在北京举行的“2016世界机器人大赛——国际水中机器人大赛”中的三个项目捧得两金一银三座奖杯，取得了参赛以来的历史性最好成绩。

——11月4日，“全国大学生抗生素合理使用作品征集竞赛”决赛在浙江大学举行。共有来自北京大学、清华大学、浙江大学、复旦大学、武汉大学等985高校在内的71所高校，共356个团队报名参赛。山西医科大学的沙画作品《关爱生命，合理使用抗生素》和宣传海报作品《抗生素之殇》均荣获二等奖，成为本次大赛中获奖项最多的高校。

——12月7日至12月11日，2016年“外研社杯”全国英语演讲·阅读·写作大赛全国总决赛在北京举行。在阅读比赛中，山西师范大学学生丁春丽同学荣获二等奖，曹馨宇同学荣获三等奖。在演讲比赛中，张炯楠荣获三等奖。

——12月9日至12月12日，第六届“华文杯”全国师范院校师范生(英语)教学技能大赛在福建漳州闽南师范大学拉开帷幕。本次比赛由来自全国36所师范类高校的150名学生参加。山西师范大学彭晓娟和梁璟芳同学均斩获特等奖；马成艺和武洁同学分别荣获一等奖和二等奖。

社会服务

——3月19日上午，为期一个月的第三届山西科普惠农平价农资“319”行动在山西农业大学“农业+互联网”大学生创业园拉开帷幕。活动当天同时启动了山西省2016种植业大会、山西农业大学大学生农业创业项目对接会、山西省农资商会“335”服务战略。山西农业大学借助活动举办契机，充分发挥农业科技人才、项目和资源优势，邀请企业入校园，积极与参会企业合作开展创业项目对接和毕业生招聘活动，为了解创新需求、整合创新要素、提升创新创业教育水平、加速创业项目孵化和产业化进程提供了良好的供需交流平台。

——近年来，山西农业大学以创新创业教育为抓手，通过创业学院教育、建立大学生创业园区、实施毕业生创业助推工程等手段，开辟了以“创业通识教育”“创业实践教育”和“创业后续支撑”为核心环节的“双创”教育新路径，不但将创新创业学生“扶上马”，而且还“送一程”。通过“双创”教育孵化出了一批新时代的农业“创客”，为我省经济发展注入新活力的同时，也为我省脱贫攻坚增添了新动力。

——7月12日，山西师范大学与兴县人民政府签署了“共建教育创新实验区”合作协议书。截至9月份，山西师范大学已经与省内45个县、市建立了“共建教育创新实验区”合作协议。教育创新实验区的建立，不仅为当地提供了优质的教育资源，促进了当地基础教育的健康发展，而且强化了学校对师范生的培养，对促进教育教学改革具有重要意义。

——11月7日，由山西大学国家科技园晋艺阁科技有限公司组织的参赛项目“山西天然植物大漆及创意类产品开发”在第五届中国创新创业大赛新能源及节能环保行业总决赛中荣获“优秀企业”称号，并获得科技部提供的30万元创业基金和北京、杭州、上海等多个城市的免费创业工位的使用权。此次大赛获奖充分肯定了山西大学文理交叉专业在培养应用型人才和产学研成果转化方面所做的努力，为创新创业人才培养和科技成果转化提供了实践经验。

——12月2日，太原理工大学与长治高新区举行协同创新战略合作签约仪式。太原理工大学副校长吕永康、长治高新区管委会主任张圣出席签约仪式并讲话。长治高新区管委会常务副主任陈平、副主任谢琪，太原理工大学资产公司董事长续晓华、大成公司董事长周晋华等出席仪式。

——12月16日，山西高等医学教育资源联盟成立暨人文引领健康山西行动学术会议在山西医科大学举行。副省长张复明出席并讲话。省教育厅副厅长孙世新、省卫生计生委副主任刘中雨出席会议并讲话，省内高等医学院校、部分医院、相关企事业单位负责人和医学教育专家、部分中层干部、学生辅导员、在校生等近300人参加了会议。联盟的成立旨在在山西各高等医学院校之间、高校与医院之间、高校与企业之间建立一个医教协同、校企联合，共同推进医学教育发展、培养合格医药卫生人才的资源整合中心、思想交流高地和能力提升平台。

——12月27日上午，山西大学大数据学院和大数据科学与产业研究院揭牌仪式举行。省经信委副主任卢秋生，省教育厅副厅长级督学孙世新，校领导师帅、贾锁堂、杨军、殷杰出席。省教育厅、省经信委、省转型综改办，思软科技、华兴科软、百得科技、中网信息及山西大学相关院系和职能处室负责人参加。楼阳生省长在《对山西大学大数据学院和大数据科学与产业研究院的批示》中希望新成立的大数据学院和研究院围绕基础设施、应用推广、产业发展等方面，深入开展理论研究、科研创新、人才培养等教学科研工作，为我省实施大数据战略提供有力的人才和科技支撑。希望山西大学继续立足全省改革发展大局，深化改革、创新机制、提升实力，为服务转型综改做出新的更大贡献。

附　录

- □ 2016年度山西省高校协同创新中心认定名单
- □ 优势学科攀升计划项目拟立项名单
- □ “服务产业创新学科群”建设项目拟立项名单
- □ “服务产业创新学科群”培育项目拟立项名单
- □ 第三批山西省“三晋学者”特聘教授(专家)名单
- □ 聘任“青年三晋学者”特聘教授(专家)名单
- □ 2016年度山西省高等学校优秀创新团队名单
- □ 2016年度山西省高等学校中青年拔尖创新人才名单
- □ 2016年度山西省高等学校优秀青年学术带头人名单
- □ 2016年度山西省学术技术带头人拟推荐人选名单

附录1 2016年度山西省高校协同创新中心认定名单

A类

行业产业类：

太原理工大学煤层气高效开采与利用协同创新中心

B类

1. 行业产业类：

太原科技大学山西省关键基础材料协同创新中心

山西农业大学黄土高原特色作物优质高效生产协同创新中心

山西师范大学山西先进永磁材料与技术协同创新中心

中北大学煤基工业气体深度净化技术协同创新中心

山西大学大田粮食作物生物配肥集成技术协同创新中心

2. 文化传承类：

山西传媒学院文化创意产业发展协同创新中心

3. 区域发展类：

山西大学晋商学与区域经济发展协同创新中心

附录2 优势学科攀升计划项目拟立项名单

序号	学校	一级学科名称
1	山西大学	物理学
2	山西大学	哲学
3	山西大学	计算机科学与技术
4	太原理工大学	化学工程与技术
5	太原理工大学	矿业工程

（续表）

序号	学校	一级学科名称
6	太原理工大学	材料科学与工程
7	山西农业大学	畜牧学
8	山西医科大学	生物学
9	中北大学	兵器科学与技术
10	中北大学	仪器科学与技术

附录3 “服务产业创新学科群”建设项目拟立项名单

序号	学校	学科群名称
1	山西大学	煤电污染控制与废弃物资源化利用学科群
2	太原理工大学	能源与电气工程学科群
3	太原理工大学	煤层气产业链学科
4	太原理工大学	煤机装备产业链学科群
5	山西农业大学	循环富碳作物学科群
6	山西医科大学	服务制药产业创新学科群
7	山西师范大学	文化创意产业学科群
8	中北大学	新材料产业创新学科群
9	太原科技大学	重型与轨道交通装备学科群
10	太原科技大学	清洁能源与现代交通装备关键材料及基础件学科群

附录4　“服务产业创新学科群”培育项目拟立项名单

序号	学校	学科群名称
1	长治学院	上党地区药用植物产业化学科群
2	山西传媒学院	文化创意与设计学科群

附录5　第三批山西省“三晋学者”特聘教授（专家）名单

2016年1月21日山西省“三晋学者”支持计划领导组批准中北大学薛晨阳教授为山西省“三晋学者”特聘教授。

附录6　聘任“青年三晋学者”特聘教授（专家）名单

序号	姓名	所属学科	学位/职称	受聘学校
1	陈　刚	物理学	博士/教授	山西大学
2	郑耀辉	物理学	博士/教授	山西大学
3	贾晓军	物理学	博士/教授	山西大学
4	苏晓龙	物理学	博士/教授	山西大学
5	汪丽蓉	物理学	博士/教授	山西大学
6	高　昆	化学	博士/教授	山西师范大学
7	杨恒权	化学	博士/教授	山西大学
8	刘　雷	化学工程与技术	博士/教授	太原理工大学
9	祁贵生	化学工程与技术	博士/教授	中北大学

（续表）

序号	姓 名	所属学科	学位/职称	受聘学校
10	桑 楠	环境科学与工程	博士/教授	山西大学
11	郭玉晶	环境科学与工程	博士/教授	山西大学
12	王 强	材料科学与工程	博士/教授	中北大学
13	王效岗	材料科学与工程	博士/副教授	太原科技大学
14	董清晨	材料科学与工程	博士/副教授	太原理工大学
15	郭俊杰	材料科学与工程	博士/教授	太原理工大学
16	胡胜亮	材料科学与工程	博士/教授	中北大学
17	张明江	电子科学与技术	博士/副教授	太原理工大学
18	崔艳霞	电子科学与技术	博士/教授	太原理工大学
19	刘绍鼎	电子科学与技术	博士/教授	太原理工大学
20	钱宇华	计算机科学与技术	博士/教授	山西大学
21	丑修建	仪器科学与技术	博士/教授	中北大学
22	谭秋林	仪器科学与技术	博士/教授	中北大学
23	马立峰	机械工程	博士/教授	太原科技大学
24	张 军	交通运输工程	博士/高工	山西省交通科学研究院
25	李彦荣	矿业工程	博士/教授	太原理工大学
26	冯国瑞	矿业工程	博士/教授	太原理工大学

（续表）

序号	姓 名	所属学科	学位/职称	受聘学校
27	冯增朝	矿业工程	博士/教授	太原理工大学
28	梁春豪	矿业工程	硕士/高工	山西焦煤集团有限责任公司
29	吕丽华	畜牧学	博士/教授	山西农业大学
30	李步高	畜牧学	博士/教授	山西农业大学
31	任有蛇	畜牧学	博士/教授	山西农业大学
32	王创云	作物栽培学与生理生态学	硕士/副研究员	山西省农业科学院
33	范瑞文	兽医学	博士/教授	山西农业大学
34	孙海飚	临床医学	博士/副主任医师	山西医科大学第一医院
35	崔永萍	生物学	博士/教授	山西医科大学
36	武美娜	生物学	博士/副教授	山西医科大学
37	宋艳花	考古学	博士/副教授	山西大学
38	岳谦厚	中国史	博士/教授	山西大学
39	贺天平	哲学	博士/教授	山西大学
40	程 瑞	哲学	博士/副教授	山西大学

附录7　2016年度山西省高等学校优秀创新团队名单

以程芳琴为带头人的山西大学团队

研究骨干	郭彦霞　杜志平　杨恒权　廖洪强　方　莉　杨凤玲　宋慧平　李剑锋　成怀刚　程文婷　张国栋　薛芳斌　张金才
团队成员	马志斌　孙彗芳　张立宏　路广军　李　达　杜　兵　崔　莉

以权龙为带头人的太原理工大学团队

研究骨干	吕　明　杨胜强　王时英　李文辉　李秀红　梁国星　张红娟　宋金鹏　黄家海　兰　媛
团队成员	王旭平　汪成文　王燕青　李永刚

以李瑞丰为带头人的太原理工大学团队

研究骨干	范彬彬　马静红　郝晓刚　申　峻　郑家军　闫晓亮　凌丽霞
团队成员	陈树伟　潘大海　程文萍　于　峰　周　荣　王玉高

附录8　2016年度山西省高等学校中青年拔尖创新人才名单

学校	姓名
山西大学	钱宇华　杨永康　贾君枝　邢云文
太原理工大学	张明江　桑胜波　杨玲珍　张洪潮
山西中医学院	贺文彬
山西财经大学	景普秋
中北大学	李　杰　王　强

附录9　2016年度山西省高等学校优秀青年学术带头人名单

学　校	姓　名
山西大学	高晓霞　张左兵　王聪颖　卫才华　慕良泽　牛奉高
太原理工大学	易　群　李金强　薛海斌　荆洁颖　廖俊杰　轩海成 程伟丽　郭　睿　黄小勇　姚西龙　陈怀超
山西医科大学	王红亮　邓　蕊　武　颖
山西财经大学	张宝建　李　毅　吴汉华　闫绪娴
中北大学	陈　平　刘忠宝　王冠军
太原科技大学	田文艳
大同大学	赵　岷
运城学院	李　新

附录10　2016年度山西省学术技术带头人拟推荐人选名单

序号	姓　名	所在单位	序号	姓　名	所在单位
1	翟华金	山西大学	2	张明江	太原理工大学
3	苏晓龙	山西大学	4	熊晓燕	太原理工大学
5	宋艳花	山西大学	6	贾君枝	山西大学
7	章日光	太原理工大学	8	王安帮	太原理工大学
9	刘文忠	山西农业大学	10	唐　军	中北大学
11	王文剑	山西大学	12	温鹏飞	山西农业大学
13	王安红	太原科技大学	14	张宝建	山西财经大学

（续表）

序号	姓 名	所在单位	序号	姓 名	所在单位
15	贾建峰	山西师范大学	16	乔 晞	山西医科大学
17	韩 琴	山西师范大学	18	白平则	山西师范大学
19	郑 瑞	山西医科大学	20	王文利	太原科技大学
21	王 彦	山西医科大学	22	李袁飞	山西医科大学
23	李志河	山西师范大学	24	高有山	太原科技大学
25	张洪潮	太原理工大学	26	孙 敏	山西农业大学
27	陈俊伟	山西医科大学	28	石云波	中北大学
29	马瑞燕	山西农业大学	30	刘维奇	山西财经大学
31	张二芳	山西财经大学	32	蔡江辉	太原科技大学
33	赵政萍	山西师范大学	34	孙友谊	中北大学
35	吴汉华	山西财经大学	36	燕平梅	太原师范学院
37	赵河明	中北大学	38	王建梅	太原科技大学
39	李 毅	山西财经大学	40	赵 祥	山西农业大学
41	薛红霞	山西省教育科学院	42	刘红梅	山西工程技术学院

后　　记

《2016山西省高等教育年度报告》经过一年多的反复斟酌与校对，即将完稿。在此过程中，得到了各方全面支持，如：省教育厅办公室、高教处、科技处、研究生处、学位办提供了文稿材料，规划处提供了大量相关数据，督导室提供了相关稿件，同时还得到了来自山西大学、太原理工大学、中北大学、山西财经大学、山西医科大学、山西农业大学、太原科技大学7所高校的通力合作，在此，对他们表示衷心的感谢！

对一直以来策划组织年度报告编撰和出版的贺茂义、侯文一、赵丽华、马玉玺、卢红、刘斌魁等相关领导，对教科院相关处室人员的帮助以及对辛勤组稿、撰写、编辑年度报告的战略中心的各位同仁，对一直以来为年度报告的出版辛勤工作的山西教育出版社的老师们致以崇高的谢意！

2016年是“十三五”规划开局之年，山西省普通本科院校可谓是迈出了坚实的一步，未来，我们将携起手来，在“十三五”规划的指引下，继续前行！

图书在版编目（C I P）数据

2016山西省高等教育年度报告／ 马玉玺主编. — 太原：山西教育出版社，2019. 1
ISBN 978－7－5703－0289－5

Ⅰ. ①2… Ⅱ. ①马… Ⅲ. ①高等教育－研究报告－山西—2016 Ⅳ. ①G649. 282. 5

中国版本图书馆CIP数据核字（2018）第296668号

2016 山西省高等教育年度报告
2016 SHANXISHENG GAODENG JIAOYU NIANDU BAOGAO

责任编辑	王爱仙
复　　审	康　健
终　　审	杨　文
装帧设计	王耀斌
印装监制	蔡　洁
出版发行	山西出版传媒集团·山西教育出版社 （太原市水西门街馒头巷7号　电话：0351-4035711　4729801　邮编：030002）
印　　装	运城日报社印刷厂
开　　本	720×1020　1/16
印　　张	13
字　　数	170千字
版　　次	2018年12月第1版　2018年12月山西第1次印刷
书　　号	ISBN　978－7－5703－0289－5
定　　价	39.00元